HERRAMIENTAS PARA LÍDERES DEL SIGLO XXI

Editado por Paula Molinari

whalecom
CHANGE & DEVELOPMENT

TEMAS

Herramientas para líderes del siglo XXI / Adriana Carel ... [et al.]; Editado por Paula Molinari. - 1a ed revisada. - Ciudad Autónoma de Buenos Aires: Temas Grupo Editorial, 2025.
228 p.; 20 x 14 cm.

ISBN 978-987-8387-89-5

1. Liderazgo. 2. Emprendimientos. 3. Sistemas de Gestión. I. Carel, Adriana II. Molinari, Paula, ed.
CDD 338.7

Cerrito 136 Piso 3°A - CABA - República Argentina
www.editorialtemas.com

Rosetti 692, Florida - Bs. As. - República Argentina
www.whalecom.com.ar
ISBN: 978-987-8387-89-5
1° edición, abril de 2025
Comité TEMAS Grupo Editorial
Dirección: Jorge Scarfi
Supervisión general: Betiana Cabutti
Diagramación editorial: Editorial Autores de Argentina

Ilustraciones: © KLINKO www.klinko.com.ar
Impreso en Argentina

ÍNDICE

INTRODUCCIÓN

"Los líderes no tienen tiempo para leer...". "Hay que pensar algo que les dé respuestas inmediatas para la acción...", "buscan herramientas, no teorías...". Estas eran nuestras conversaciones, las del equipo de Whalecom, en 2016. Acostumbrados a generar contenidos y propuestas innovadoras para el desarrollo de líderes, nos encontrábamos buscando una solución creativa en el mundo editorial que diera respuesta a las necesidades que tan bien conocíamos.

"Hagamos minibooks, libros pequeños que puedan ser leídos en 3 horas, que respondan a los desafíos de los profesionales de hoy, que les aporten rápidamente soluciones y herramientas..." Con esta idea entusiasmamos a nuestra editorial y lanzamos las dos colecciones de minibooks, que llamamos "Herramientas para líderes del siglo XXI", con doce títulos en dos packs. Elegimos los títulos pensando en la agenda de los que lideran equipos de trabajo y sus principales desafíos, desde supervisores y jefes, a gerentes o directores, los contenidos cruzaban las necesidades de todos ellos.

Salieron los minibooks y fue un exitazo... disfrutamos por años de los elogios. Habíamos dado en la tecla. La gente valoraba la claridad, lo conciso, el buen marco teórico, las herramientas, la bajada a la realidad.

Pasaron los años y ahora nos replanteamos cómo revitalizar este maravilloso producto... Los contenidos siguen hoy vigentes. Todo aquel que coordina personas se hace preguntas sobre estos temas, desde el desempeño, el desarrollo, la creatividad, la gestión de equipos con gente agremiada, el feedback, el compromiso, hasta las conversaciones difíciles... Entonces definimos hacer de cada pack un libro, y por lo tanto son 2. Cada uno contiene 6 minibooks.

Vivimos hoy en un mundo que plantea muchos más desafíos a quienes ejercen el liderazgo: el contexto de negocio es muy complejo y vertiginoso, y por lo tanto requiere de un fuerte alineamiento de los equipos. Lograr conformar un equipo de alto rendimiento implica poner, por un lado, foco en la gestión. Mucho foco. Por otra parte, las personas, y especialmente las nuevas generaciones, son mucho más exigentes y levantan la vara cuando plantean qué buscan en sus líderes: valoran la transparencia, la honestidad, la coherencia y la capacidad de resolución. Los líderes que bajan línea son del pasado. Los que logran buenos resultados hoy son los cercanos, los que involucran al equipo y co–construyen las respuestas.

Son finalmente líderes ejemplares aquellos que resuelven la dicotomía entre el foco en las metas y el foco en la gente: se dedican tanto al logro de los objetivos como al cuidado de las personas.

Un buen líder deja huella.

Nos da gran satisfacción aportar nuestro grano de arena para que esto ocurra.

Paula Molinari, 2025.

GESTIONANDO EL DESEMPEÑO

En busca de una mayor efectividad para tu equipo

Sandra G. Scarlato

Un camino diseñado para mejorar el desempeño de tu equipo

El desafío de todo líder de equipo: lograr resultados a través de otros. El desempeño de los demás se convierte en tu desempeño.

Te invitamos a recorrer el camino que diseñamos especialmente para aquellos que están en tu situación y se preguntan, día a día, cómo pueden mejorar la contribución de cada uno de los miembros de su equipo y del equipo en su conjunto.

Es una guía que aspira a acompañarte en tu rol de líder, a proponerte reflexiones, autodiagnósticos y propuestas de acción.

Te presentamos a Santiago, tu compañero de ruta, que planteará algunos problemas con los que seguro te sentirás identificado. Santiago es un profesional mando medio (jefe o gerente) de una empresa y sufre de un mal común: por un lado, cuenta con herramientas de gestión de desempeño provistas por su organización, por el otro, siente que no le están aportando. Se pregunta cada día: ¿qué puedo hacer para mejorar el desempeño de mis colaboradores?

1. La gestión del desempeño como proceso clave

1.1 | Gestión del Desempeño Macro y Micro

A nivel compañía, la Gestión del Desempeño (GD) Macro es el proceso que se lleva adelante para alinear el desempeño de las personas a la estrategia, actuando bajo un marco de valores determinados. En la otra dimensión, la Micro, la GD es todo lo que un líder hace para que sus colaboradores logren los resultados esperados.

¿De dónde surgen los resultados esperados?

Las organizaciones proveen dos palancas de gestión del desempeño a los jefes (GD macro): los sistemas de gestión por Objetivos (un conjunto de Metas y Objetivos para un período de tiempo determinado) y los Modelos de Competencias (el conjunto de comportamientos valorados por la organización). Cuando esto no está formalizado, son los mismos líderes los que deben aportar estas definiciones a su equipo. En esta parte del libro nos ocuparemos de la GD Micro:

¿Qué comportamientos del líder aseguran una contribución superior por parte de sus colaboradores?

1.2 | Desempeño: qué + cómo

Entendemos por desempeño de una persona la conjunción de dos variables:

a. El qué: los **resultados** obtenidos en un período de tiempo

b. El cómo: los **comportamientos** utilizados

Contamos entonces con dos unidades para gestionar el desempeño: los objetivos y los comportamientos esperados.

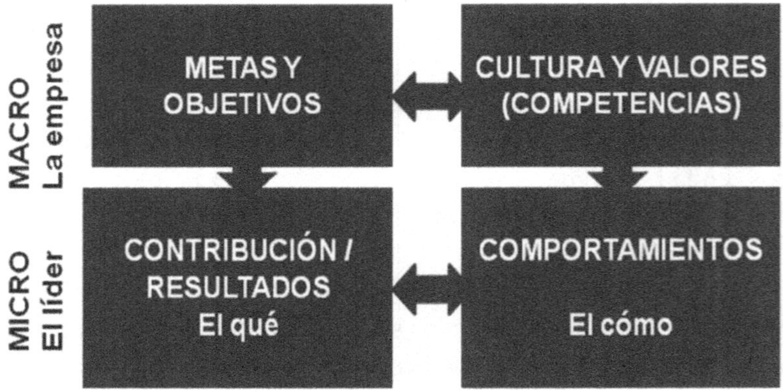

1.3 | Un proceso conversacional

Gestionar el Desempeño significa acompañar a las personas a lo largo de un proceso, que tiene distintos momentos, todos centrados en *conversaciones* de distinto tipo.

En la mayor parte de las empresas, éstos son los momentos/conversaciones que ocurren en un período determinado de tiempo:

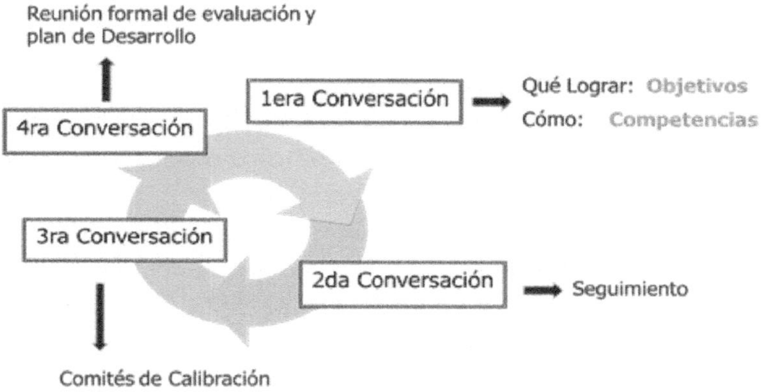

1ra Conversación	**Fase de Planificación:** se realiza el acuerdo de metas y objetivos, y los comportamientos esperados.
2da Conversación	**Fase de Seguimiento:** el jefe acompaña a sus colaboradores en el logro de los objetivos, tratando de detectar desvíos a tiempo e implementando ajustes. El Feedback (retroalimentación) es la herramienta esencial para lograrlos.
3ra Conversación	**Fase de Calibración:** en la mayoría de las organizaciones que trabajan con objetivos y competencias, existe una instancia en que los distintos jefes aportan información sobre el desempeño de sus colaboradores y se aspira a tener una "foto organizacional".
4ta Conversación	**Fase de Revisión Final (Evaluación) y Plan de Desarrollo/Acción:** en este momento se realiza el cierre formal y la evaluación de un determinado período y se aporta una mirada de futuro.

1.4 | Segmentar y diferenciar

Para poder tomar decisiones en una organización y en un equipo, debemos entender con qué personas contamos. Desde la perspectiva de la organización y del líder, el proceso de Gestión del Desempeño ayuda a segmentar y a diferenciar.

A partir de las dos variables analizadas (Resultados y Comportamientos) se pueden desplegar en un mapa que nos permite diferenciar los distintos segmentos. Es el mapa de Desempeño:

RESULTADOS					
SUPERÓ					
ALCANZÓ			Juan	Pedro	
DEBE MEJORAR		Miguel		Luisa	
NO ALCANZÓ		Sonia			
	1	2	3	4	5

COMPORTAMIENTOS (Promedio Competencias)

Cuando hemos diferenciado por segmentos, podemos tomar distintas alternativas de acción para cada uno de ellos, basadas en el conocimiento de quiénes son los jugadores de nuestros equipos.

De esta manera aseguramos equidad en la toma de decisiones. Para asegurar mayor objetividad en este proceso, existe una instancia que se denomina "reuniones de calibración" o mesas redondas, comités de talento, en el que varios jefes/gerentes construyen los mapas llegando a un consenso de posiciones relativas. El producto:

un mapa de la gente consensuado. Esta es una construcción del "juicio corporativo" y superadora de la mirada del jefe, que puede ser acotada o sesgada, por distintas circunstancias.

Es decir, la objetividad en este proceso está dada por el abordaje "corporativo" de los "juicios" sobre el desempeño de las personas.

1.5 | ¿De qué depende la efectividad de los procesos de GD?

El proceso de Gestión del Desempeño agrega valor a la empresa y a la gestión de cada jefe cuando:

- ♦ **Alinea** los desempeños individuales con la estrategia de la empresa.

- ♦ **Homologa** los parámetros de desempeño para gestionar con equidad y precisión el talento en el equipo y/o en la organización.

- ♦ **Clarifica** expectativas de desempeño promoviendo la autogestión de los colaboradores y el feedback frecuente de los líderes

Información	> Identificar qué se espera de la contribución de cada colaborador > Cómo pueden desarrollarse > Cómo serán evaluados
Compromiso	> Acuerdos sobre responsabilidades, objetivos y modos de alcanzarlos > Dirección clara y foco

¿Qué no es la GD? Solo evaluación

> Una evaluación burocrática
> Una visión sólo de resultados
> Mensajes unilaterales
> Sólo Información de objetivos
> Objetivos no alineados
> Algo desmotivante
> Un medio para castigar

1.6 | Santiago en su laberinto...

Marca con una X si cada fin de año te surgen, como a Santiago, algunos de estos pensamientos en relación al proceso de GD.

- "Es solo una evaluación burocrática para cumplir con RRHH"
- "¡Qué momento incómodo! No va a gustarle Juan lo que tengo que decirle de su trabajo..."
- "Mejor pongo todo OK así no tengo problemas con Juan..."
- "¿Y si tiene algo que reprocharme a mí como jefe?"
- "Uf... otra vez leer el manual de desempeño...es larguísimo y no entiendo que tiene que ver con el trabajo de nuestra área"
- "Uf... con todo lo que tengo que hacer..."

Como todos nosotros, Santiago sabe que es muy sano encarar un proceso de Gestión del Desempeño para cada persona y para el equipo en general, pero como todos siente que es un peso...

Acompáñalo a encontrar la salida para su laberinto...

Autodiagnóstico

> ¿Cómo es el proceso de GD en mi organización?
> ¿La empresa me brinda herramientas para gestionar el desempeño? O ¿el proceso de gestión del desempeño depende solamente de mí?
> ¿Qué nivel de dominio tengo de las herramientas con que se gestiona la GD en mi empresa?
> ¿Qué cambio puedo hacer para gestionar mejor el desempeño?
> ¿Qué iniciativas puedo tomar para maximizar sus beneficios respecto de la gestión de mi equipo?

Lleva luego estas notas al plan de acción general que te proponemos más adelante.

2. *El qué:* la gestión por objetivos

2.1 | Los objetivos METAS

Un "Objetivo" es la descripción de un resultado a alcanzar, y esa descripción requiere ser lo más detallada posible para poder gestionarse y medirse. Para ello te acercamos la famosa regla "METAS[1]", que describe los objetivos bien planteados. Deben ser:

M	**Medibles**	Implica la existencia de patrones de medida e indicadores que precisen el resultado
E	**Específicos**	Qué resultado hay que alcanzar, de manera inequívoca
T	**Temporales**	Establecer un plazo para el cumplimiento total o en fases
A	**Alcanzables**	Debe ser desafiante pero realista
S	**Significativos**	¿Importa o impacta alcanzarlo? ¿Es clave para el puesto?

Ejemplo: "Implementar el sistema X en el área de Finanzas para el 2 de septiembre de 2026", asumiendo que esto es posible, ¡aunque desafiante!

---

[1] METAS: SMART en inglés

2.2 | Responsabilidades, tareas y objetivos

Una dificultad frecuente para los jefes es ayudar a los colaboradores a **distinguir entre objetivos – funciones – tareas**.

En general se espera que los objetivos que se planteen dentro del proceso de GD estén dentro de los "**entregables críticos**" para sus principales **clientes internos** en la **cadena de procesos claves** de la empresa, debido a su vinculación con los objetivos estratégicos del negocio o por ser un entregable clave de un proceso en relación a un cliente interno.

Es decir, los objetivos no son ni deben ser equivalentes a la descripción de funciones o tareas, sino a la contribución diferencial que se espera del rol en un próximo período acordado:

Responsabilidades	Actividades/tareas	Objetivos
Desarrollo de la gestión comercial zona norte	Generar reportes de ventas semanales de su zona	Incrementar ventas en un 10% en clientes industriales de su zona para el 31/12/2025

2.3 | Indicadores y escalas

Para monitorear el cumplimiento de los objetivos necesitamos contar con indicadores y herramientas de medición.

Por ejemplo: Si yo quiero disminuir los tiempos de contratación para determinado perfil de puestos, voy a necesitar tomar una **unidad de medida (indicador)**:

—duración del proceso = cantidad de días

Y contar con alguna **herramienta de medición** con la cual identificar los resultados alcanzados (que puede ser desde un registro manual hasta un software que haga el seguimiento del proceso).

Respecto de las **escalas** utilizadas en dicha medición, en general cada empresa define ciertos rangos de resultados por encima y debajo de lo esperado. Hay escalas de todo tipo, aunque las más frecuentes son aquellas de 3, 4 o 5 niveles, como la que se adjunta a continuación. Para el caso de los objetivos, habrá que "ecualizar" que rangos de cumplimiento se asocian con ciertos intervalos de resultados.

¿Qué es Desempeño Estándar en esta cultura/equipo? El lugar en donde se ubique el rango "esperable=alcanza=cumple" nos hablará de la cultura de la compañía en términos de cómo considera el aspecto "ambicioso pero alcanzable" de los objetivos que se fijan.

> Compara estos dos esquemas y saca tus propias conclusiones sobre cada compañía:

Escala	**Nivel de cumplimiento**	**Bandas de objetivos en empresa "A"**	**Bandas de objetivos en empresa "B"**
4	Cumple ampliamente, supera lo estándar	86% a 120%	95% a 120%
3	Desempeño estándar	75% a 85%	85% a 94%
2	Cumplimiento bajo	50% a 74%	70% a 84%
1	No alcanza	0% a 49%	0% a 69%

2.4 | Un atajo posible: la contribución

¿Sientes que es difícil medir? ¿No has desarrollado indicadores para esa función? ¿No crees poder implementar una Gestión por Objetivos?

El modelo de Dirección por Objetivos fue bandera de los modelos de gestión del talento del S. XX y aún es muy utilizado con éxito en organizaciones de gran porte y estructura, que requieren un fuerte andamiaje de coordinación funcional. Sin embargo, para empresas que recién están incorporando modelos de GD o que son más pequeñas en estructura, no siempre es necesario y/o conveniente incorporarlo en una primera etapa.

Otra forma de dimensionar el QUÉ – CUÁNTO del desempeño de un colaborador es identificar su nivel de "**contribución**", basado en una apreciación acerca de los **resultados de su gestión** (en relación a los objetivos de su rol) y la "**autonomía**" para realizar sus tareas.

Aquí una escala posible:

4	**Alcanza plenamente**	El resultado ha cumplido "plenamente" con el objetivo planteado. El nivel de contribución es sólido. La persona ha demostrado autonomía y "expertise". El resultaado obtenido se mantiene en el tiempo (no es "acción heroica" o singular)
3	**Alcanza**	El resultado esperado fue alcanzado. La contribución está dentro de los estándares y cumple con las expectativas.
2	**Requiere mejoras**	El resultado esperado está sujeto a la supervisión, la contribución es irregular, pero el evaluado manifiesta una actitud de aprendizaje y desafío en lo que hace.
1	**No alcanza**	El resultado esperado está sujeto a la supervisión y el evaluado no manifiesta actitud de aprendizaje, vuelve a reincidir en el error.

2.5 | "Linking up": una alternativa al cascadeo clásico

Una crítica frecuente al modelo de Gestión por Objetivos está relacionada con el proceso de formulación de los mismos "Top Down", o sea de arriba hacia abajo, comúnmente llamado "cascadeo": las decisiones están centralizadas, la bajada se "atasca" a la espera de definiciones verticales que se demoran, la gente participa poco...

En el siglo XXI, una corriente nueva de management quiere poner fin a estos obstáculos asegurando mayor velocidad y participación de los niveles medios a través de un proceso que permita "linkear" las metas macro definidas en los niveles directivos, con el campo de responsabilidades de los mandos medios. Este nuevo método se denomina "linking up" y permite obtener mejores resultados en dos dimensiones:

> En lo macro, mayor rapidez: lo hacen todos al mismo tiempo.

> En lo micro, mayor sentido de "conexión" entre el trabajo de cada persona y los objetivos macro de la organización, lo cual aumenta su motivación y compromiso.

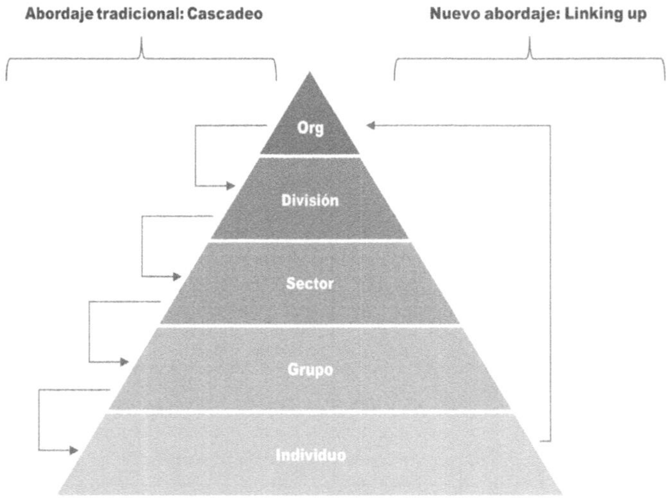

2.6 | Santiago, entre lo ideal y lo posible

En la empresa de Santiago se trabaja con un esquema de gestión por objetivos, y su equipo de trabajo le manifiesta que "hacen muchas más tareas" que los 6 objetivos que acordaron medir en el proceso...y que además como en el año "todo cambia", no tiene sentido anclarse en ellos.

Santiago se debate entre algunas de las siguientes opciones:

- "Sí, tienen razón, les pongo todo cumplido a fin de año y chau..."
- Les propone rediseñar los objetivos para que sean representativos de sus entregables críticos
- Les muestra los objetivos generales del sector para que el equipo identifique como contribuir a ellos con objetivos individuales
- No se habla más del tema y a fin de año se fijan como objetivos los resultados alcanzados...y todo tranquilo...
- Ninguna de las anteriores...

¿Qué piensas de la situación de Santiago? ¿Qué le propondrías?

Autodiagnóstico

> ¿Qué herramientas de gestión cuantitativas (objetivos) usamos en mi empresa?

> ¿Necesito practicar el modelo METAS de fijación de objetivos?

Verbo en infinitivo	**Alcanzable Ambicioso**	**Medible**	**Temporal**	**Específico**
Implementar	El nuevo sistema "RED"	En el 100% de la dotación indicada	Para la primera quincena de Julio	En las regiones de NOA y Patagonia

> ¿Me beneficiaría comenzar informalmente con un esquema "linking up" para trabajar internamente con el equipo? (aunque la empresa no lo utilice a nivel macro)

Lleva luego estas notas al plan de acción general que te proponemos más adelante.

3. *El cómo:* las competencias

3.1 | ¿Qué son?

> *"Las competencias son el conjunto de conocimientos, habilidades, actitudes y valores que debe tener una persona para desempeñarse con éxito en un puesto determinado de trabajo"*

Las competencias se enuncian como **conductas observables y concretas**, a partir de las cuales hacemos **observaciones y evaluaciones** de su grado de manifestación en una persona y en un equipo.

Toda organización posee una determinada cultura y un conjunto de comportamientos valorados. Cuando estos se explicitan para que puedan convertirse en un "dispositivo para la gestión", lo hacen como "Modelo de Competencias": el repertorio de comportamientos que hacen que una persona se desempeñe en forma destacada en una organización.

Habitualmente, existe un modelo para "contribuyentes individuales" (sin gente a cargo) y otro para "líderes" (a cargo de un equipo de personas).

3.2 | ¿Cómo se observan las competencias?

Como seres humanos, nuestro cerebro nos juega algunas malas pasadas, como la de etiquetar rápidamente lo que pasa: nos llega a la conciencia "lo que pensamos que pasa" **(juicio)** en forma directa, en vez de detenernos unos segundos en "lo que pasa" **(dato)**. Esto se da porque el cerebro busca rápidamente una respuesta para reducir la ambigüedad, como estrategia de supervivencia. Esta estrategia es muy útil y nos ahorra energía, pero cuando se trata de juicios sobre personas tendremos que poner un freno a nuestro funcionamiento espontáneo.

Entonces, debe **entrenarse el hábito de observar y describir comportamientos**, ya que implica "des–aprender" un patrón clásico de conducta humana. La diferencia se ejemplifica así:

> *"qué lento estuviste en responder" vs "pasaron 72 hs. hasta obtener tu respuesta"*

Para gestionar en base a competencias es fundamental poder **hacer una observación de comportamiento, y abstenernos inicialmente de emitir un juicio, hasta fundamentarlo suficientemente con hechos.**

Esta es la piedra fundamental para un buen feedback.

3.3 | Los componentes de un modelo de competencias

Si bien los modelos varían de acuerdo a lo que cada organización define, existen dos componentes clave:

> Una **definición general** que enmarca el sentido específico de cada competencia para esa organización en particular. Un ejemplo: *Orientación al cliente: capacidad para entender, anticiparse y satisfacer las necesidades del cliente interno y externo.*

> Una **escala**, que delimita los niveles de dominio/desarrollo alcanzado, siendo las usuales las de "**Frecuencia**" y las de "**Niveles**".

Otros modelos más elaborados incluyen:

> **Descriptores de comportamiento**: las conductas específicas observables que caracterizan cada nivel.
> **Segmentaciones por niveles jerárquicos** (globales, de liderazgo, etc.)
> **Segmentaciones funcionales** para algunas áreas específicas.

Competencia X: definición general			
N1	N2	N3	N4
Descriptores de conductas pornivel,paraunaescalade4niveles			

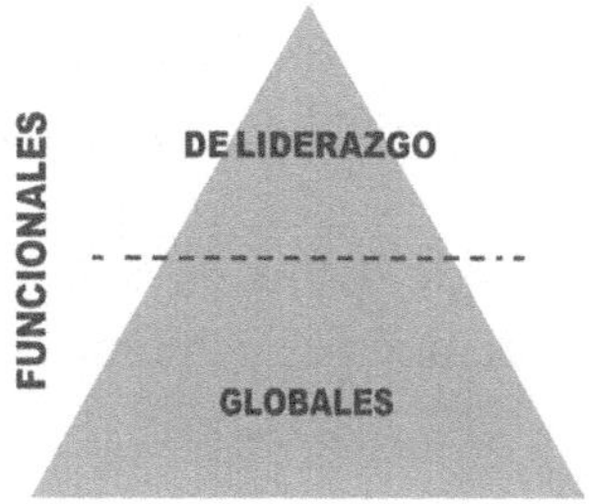

Los mejores modelos son los que, siendo **simples** y **claros**, permiten diferenciar a las personas.

¿Cómo usamos estos modelos para diferenciar a las personas? Antes que nada, debemos **observar** y luego **medir**. La observación y la medición son esenciales en el proceso.

3.4 | ¿Cómo se miden las competencias?

Medir una competencia implica determinar cuál es el **nivel de dominio** en una persona, a partir de la observación de comportamientos, utilizando una determinada escala.

Existen varias alternativas. Las más frecuentes la **frecuencia** en que la persona muestra ese comportamiento (¿siempre, a veces, nunca?) o un nivel determinado de **dominio** (bajo, estándar, alto).

Expliquemos brevemente cada alternativa.

A. Frecuencia: Estos modelos parten de una definición general, para la cual se trata de estimar la frecuencia de aparición de los comportamientos deseados, desde "nunca" a "siempre". Un ejemplo: ***Orientación a resultados:*** *actitud de enfocarse de manera autónoma hacia los objetivos propuestos sin darse por vencido ante los obstáculos que pudieran surgir siempre dentro del marco normativo de la compañía.*

Ejemplo de escala de 5 niveles: N1: siempre lo hace de esa manera – N2: muy frecuentemente – N3: frecuentemente – N2: algunas veces– N1: casi nunca.

Rápidamente se advierten ventajas y desventajas de este tipo de escalas: son más fáciles de diseñar (solo tienen definiciones), pero "la frecuencia de ocurrencia" es muy difícil de identificar/fundamentar/comparar.

B. Escalas con descriptores por nivel: veamos un ejemplo para una escala de 4 niveles para la misma competencia de "orientación a resultados":

Actitud de enfocarse de manera autónoma hacia los objetivos propuestos, con pro actividad, iniciativa, perseverancia, responsabilidad e involucramiento y sin darse por vencido ante los obstáculos que pudieran surgir, siempre dentro del marco normativo de la compañía.

Nivel Bajo N1	**Requiere mejoras N2**	**Nivel Medio N3**	**Nivel Alto N4**
> Se queda en el statu quo: no hace nada para remover barreras. > Siente que los objetivos son de la empresa, no propios. > No cumple las tareas previstas	> Necesita o espera que le digan qué debe hacer. > Necesita soporte para definir prioridades, recursos en tareas > No administra efectivamente su tiempo, se dispersa.	> Pone foco en los objetivos propuestos. > Se siente responsable por los resultados. Asume errores y aprende > Persevera en sus objetivos buscando alternativas frente a las dificultades de ejecución de los mismos	> Se establece a sí mismo sus propios estándares de eficiencia. > Busca y gusta de los desafíos > Mejora continuamente su rendimiento, generando resultados de mayor eficiencia

Los niveles de dominio son más complejos para diseñar, pero mucho más simples para gestionar.

¿Probamos?

A continuación, un ejercicio para que pruebes la escala de la página anterior.

Si un colaborador presenta conductas del estilo:

> Dice siempre "no es mi problema"

> Mayormente no cumple con las tareas que se le encomiendan

¿En qué nivel de dominio de la competencia lo ubicarías?

Si por el contrario el colaborador:

> Cada vez que le pedís algo viene con un resultado mejor

> Todo el tiempo te trae propuestas de cómo mejorar sus procesos/tareas

> Pide todo el tiempo tomar nuevas tareas, expandir su campo de acción

¿En qué nivel de dominio de la competencia lo ubicarías?

Algunas reflexiones para mi gestión

> Si mi empresa posee un modelo de competencias, es recomendable que lo conozca bien para mejorar mi capacidad de observación y de medición.

> En el próximo encuentro con mi/mis colaboradores, es recomendable que trabajemos juntos los descriptores de las competencias, bajándolos a comportamientos concretos de nuestro sector.

> Si tengo dudas en el manejo del modelo, pido ayuda, genero espacios de soporte con RRHH y/u otros líderes.

Lleva luego estas notas al plan de acción general que te proponemos más adelante.

4. El proceso: cuatro etapas, cuatro conversaciones

Como ya planteamos en la primera parte, cada uno de los momentos de este proceso requiere de una conversación.

Cada conversación tiene distinta finalidad y distintos ejes.

El objetivo de este capítulo es mejorar las competencias comunicacionales de los líderes a lo largo de este camino.

Las habilidades comunicacionales impactan en la efectividad de la GD.

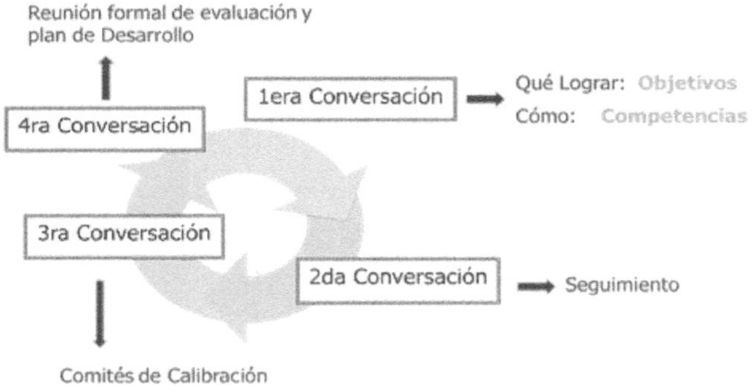

4.1 | Primera conversación: los acuerdos de apertura

Esta es la **Fase de planificación** en la que se realiza el acuerdo de metas y objetivos, y debe profundizarse en los comportamientos esperados. Esquemáticamente, el rol de cada parte en esta conversación puede expresarse de la siguiente manera:

SUPERVISOR
Informa acerca de la estrategia de negocios definida para su área

COLABORADOR
Se interioriza sobre qué espera la compañía de él

Ambos acuerdan cuáles son los objetivos a lograr y competencias a desarrollar en el año. Se conversa sobre las formas para asegurar el logro, los obstáculos posibles y las amenazas.

Se establecen los métodos para el seguimiento y el apoyo.

SUPERVISOR Y COLABORADOR

Definen y consensuan el grado de avance de objetivos y desarrollo de competencias.

> Comparten la percepción de los desvíos y el análisis de la situación
> Redefinen objetivos, plazos si fuera necesario
> Acuerdan nuevos cursos/planes de acción
> Analizan posibilidades de mejora
> Dan/piden feedback oportuno

4.2 | Segunda conversación: monitoreo y seguimiento

Es la **fase de seguimiento**: el jefe acompaña a sus colaboradores en el logro de los objetivos, tratando de detectar desvíos a tiempo e implementando ajustes. El Feedback (retroalimentación) es la herramienta esencial para lograrlos. Esta conversación debe ocurrir más de una vez a lo largo de un proceso anual, para ser efectiva.

4.3 | Tercera conversación: comités de calibración

Es la **fase de calibración** que ocurre en la mayoría de las organizaciones que trabajan con objetivos y competencias. Consiste en una instancia en que los distintos jefes aportan información sobre el desempeño de sus colaboradores y se aspira a tener una "foto organizacional". Esta etapa valida el proceso transversalmente, generando consenso entre los jefes.

LOS SUPERVISORES Y SU JEFE

(N1 y sus N2 calibran las evaluaciones de N3)
Para asistir a la reunión y aportar realmente,
hay que concurrir con:
> una pre–evaluación de los colaboradores de tu equipo y ejemplos que fundamenten la postura
> un ayuda memoria de situaciones y comportamientos
> una mentalidad abierta a escuchar y compartir.
El grupo trabaja hasta llegar al consenso.
Genera una visión compartida.

4.4 | Cuarta conversación: revisión y plan de desarrollo

Es la **fase de revisión final (evaluación) y plan de desarrollo/acción**: en este momento se realiza el cierre formal y la evaluación de un determinado período y se aporta una mirada de futuro.

Esta conversación enfoca dos momentos: Evaluamos lo que pasó (desempeño) y enfocamos hacia el futuro identificando los nuevos objetivos y planes de desarrollo.

Nos basamos en el pasado para trabajar sobre el futuro.

SUPERVISOR	COLABORADOR
> Comenta y fundamenta sus observaciones > Acuerda con el colaborador un plan de desarrollo > Ofrece ayuda > Pide feedback como jefe	> Presenta su autoevaluación fundamentada > Recibe feedback de su jefe > Pide lo que necesita > Provee feedback objetivo
LA CLAVE: DESCRIBIR HECHOS + ESCUCHAR AL OTRO	

4.5 | Santiago: hablar es humano, ¿conversar es divino?

En la empresa de Santiago no utilizan reuniones de calibración como parte del proceso de GD. Esto hace que Santiago se sienta más "libre" para evaluar con su "estilo" y no hay consenso entre sus pares de pedir que ese espacio de genere.

No obstante, en las charlas de feedback, Santiago recibe muy a menudo las quejas de sus colaboradores acerca de la percepción de "inequidad" que se tiene en la empresa, en donde cada área usa una "vara distinta" para evaluar a sus colaboradores.

Entonces Santiago empieza a pensar en tomar algunas iniciativas.

¿Cuáles son las opciones que le recomendarías?

- Compartir con su equipo los criterios de uso del modelo para al menos minimizar el impacto de inequidad dentro del mismo.
- Pedir una reunión con RRHH para comentar su percepción de la situación
- Proponer dentro de su Gerencia una iniciativa piloto de compartir las evaluaciones entre pares (líderes) para impulsar la práctica de calibración en la compañía.

> Plantear la posibilidad de generar una encuesta donde los colaboradores expresen sus percepciones sobre el proceso de GD.

Reflexionando

> ¿Qué conversaciones tenemos formalizadas en el modelo de GD de la compañía?
> ¿Qué grado de satisfacción tengo con los resultados de las mismas? ¿Asisto entusiasmado o no me siento cómodo?
> ¿Cómo podría capitalizar más esas conversaciones?
> ¿Necesito generar más conversaciones internamente con mi equipo y/otros líderes?

Lleva luego estas notas al plan de acción general que te proponemos más adelante.

5. ¿Cómo gestiono el día a día?

5.1 | Palancas de desempeño

Como líder de un equipo, buscamos obtener cada vez un desempeño mejor del grupo y de cada miembro.

Los elementos que nos permiten mayor efectividad y apalancar el desempeño son tres:

DIRECCIÓN	> Comparte con tu equipo toda la información posible sobre la empresa y el sector que lideras > Promueve el hacer foco en la dirección definida
SENTIDO	> Conecta el sentido del trabajo de cada persona y el del equipo en su conjunto, articulando las 3Dimensiones (individual-grupal-organizacional)
SOPORTE	> Haz que te sientan disponible y cerca (aún por skype) > Alienta a tomar desafíos, valida los aprendizajes > Desarrolla, brinda feedback frecuente

5.2 | La delegación

Ser jefe significa lograr resultados a través de otra persona. Finalmente, es **delegar**. Según la Real Academia Española, la delegación es...

"Dar la jurisdicción que tiene por su dignidad u oficio a otro, para que haga sus veces o para conferirle su representación".

> **Dar jurisdicción**: cuando se delega se "marca la cancha" de hasta donde el otro va a tomar decisiones. Es "definir el alambrado".
> **Que tiene por dignidad u oficio**: no se delega cualquier cosa a cualquier persona; hay criterios de elegibilidad.
> **Para que haga sus veces, o para conferirle su representación**: ¡me tiene que representar a mí!, es decir que le voy a conferir **autoridad** para que opere en mi nombre. Implica que sigo siendo **responsable** por los resultados del trabajo delegado.

De este modo, el concepto de "delegación" está emparentado con el de "empowerment" o "empoderamiento", en el sentido de que en ambos se produce un cambio en la relación de poder: uno va a otorgar una cierta porción del poder a otra persona, y la otra persona tiene que estar dispuesto a tomarlo.

Es una moneda con dos caras: en una, se da poder, en la otra, se toma.

Y ya puedo oír a Santiago, como a otros líderes, diciendo:

> *Para qué se lo voy a delegar si después lo tengo que hacer yo de nuevo, es una pérdida de tiempo*
> *Nadie lo va a hace como yo*
> *¿Y si lo hace mejor?*
> *Y si lo hace bien y me desplaza...*

Santiago tiene que delegar por "supervivencia", porque su propio desarrollo depende de este proceso. Si no delega, no crece.

La clave es saber ***qué*** delegar, a ***quién*** y ***cómo***.

5.3 | Qué delegamos y qué no podemos delegar

¿Qué puedo delegar?

> Tareas que se repiten en el tiempo, rutinarias
> Tareas que soportan curvas de aprendizaje (contemplando los tiempos requeridos)
> Lo que sea desarrollador para alguien del equipo

¿Qué NO puedo delegar?

> Tareas que no soporten curvas de aprendizaje (no hay tiempo para que lo aprendan)
> Tareas de impacto crítico y excepcionales a corto plazo
> Las medidas disciplinarias que impactan en los miembros del equipo
> La decisión sobre el reparto de recursos
> La responsabilidad por el resultado final

5.4 | ¿A quién puedo delegar?

A quien sabe, puede y quiere hacerlo.

¿Sabe?

> ¿Tiene esa persona los conocimientos y la experiencia necesaria para lograr el nivel de resultados esperados de esa tarea?
> ¿Tenemos margen para sostener la curva de aprendizaje necesaria?

¿Puede?

> ¿Tiene esa persona las habilidades, el tiempo, recursos disponibles para poder generar el nivel de resultados esperados de esa tarea?
> ¿Tenemos margen para acotar esas brechas (si las hubiere)?

¿Quiere?

> ¿Esta tarea coincide con los intereses de desarrollo y /o preferencias laborales de la persona elegida?
> El reconocimiento que se le propone a cambio hace que la tarea le resulte atractiva por el momento.

5.5 | Cómo delegar bien: "El Rito" de delegación

Un "rito" es una acción que se repite para conmemorar algo valioso en una cultura. Cuando delegamos, estamos empoderando al colaborador, y esto debe ser percibido como un reconocimiento.

Si queremos delegar bien y comenzar en forma clara una nueva etapa (para nosotros y para el colaborador), debemos generar una reunión formal en la que se cubran estos 6 pasos.

Los 6 pasos del Rito de Delegación

1. Por qué y para qué	Es esencial que puedas explicitar a tu colaborador, tanto las razones de necesidad/importancia de las tareas que estas delegando, como así también visibilizar los aspectos de desarrollo que conlleve para él (que sea ganar-ganar)
2. Objetivos	Compartí los objetivos de esta responsabilidad, ¿que se espera lograr?
3. Herramientas y soporte que necesita	Se acuerdan las herramientas y el soporte con que va a contar para esa tarea, que aseguren su efectividad.
4. Definir el Alambrado: poder que se delega	Aclarar qué puede y qué no puede, cuándo debe pedir permiso o autorización.
5. Seguimiento y control	Acordar la forma de seguimiento (ej. Reunión, informe...) y la frecuencia.
6. Parámetros/ indicadores de medición	Definir claramente cuáles serán los parámetros que se utilizarán para medir los resultados de la gestión.

5.6 | Santiago: del "Micromanagement" al "Empowerment"

Santiago lleva concienzudamente planillas que registran todas sus charlas de "rito" de delegación" y luego otras en Excel donde va cargando los hitos de control (es su estilo...), sumado al hecho de que los pasos de control que estipula son demasiado puntuales y en la práctica termina supervisando personalmente cada paso de las tareas que delega. Su gente no se siente bien con esta situación, y ya le han dicho cosas tales como "si no me tienes confianza, no entiendo para qué me delegaste esta tarea".

¿Qué podríamos sugerirle a Santiago? Marca las alternativas que te parezcan oportunas en el caso:

> Sincerarse consigo mismo e identificar la raíz de su necesidad de incluir tantos hitos de control, ¿tiene que ver con él mismo o con el colaborador?
> Si es con él mismo, sería indicado que trabaje sobre el tema.
> Si es algo respecto del colaborador, clarificar qué parte del diagnóstico sobre el "quien" fue sobreestimada.
> Ninguna de las anteriores

Reflexionando

> ¿Soy hábil delegando?
> ¿Cómo son los resultados de esas experiencias?
> ¿El proceso de delegación es suficientemente claro para mis colaboradores?
> ¿Hago buenos seguimientos o solamente controlo?
> ¿Qué podría mejorar?

Lleva luego estas notas al plan de acción general que te proponemos al término de "*Gestionando el desempeño*".

6. Ahora, a la acción

6.1 | Un autodiagnóstico más

Realiza tu "check list" de fortalezas y oportunidades de mejora como líder de la GD de tu equipo.

	Fortaleza	Oportunidad
Brindo foco y dirección permanente a mi equipo, los participo de los temas importantes de la compañía		
Todo el tiempo hago visible para mi equipo, el sentido organizacional de las contribuciones del conjunto y del trabajo de cada uno de ellos		
Estoy siempre disponible para darles soporte e impulsar su desarrollo		
Puedo aplicar en el día a día las herramientas de desempeño que me provee mi organización, no solo como una tarea de "fin de año"		
Doy feedback permanente al equipo		
Baso mi feedback en las competencias y/o modelo de desempeño de la organización		
Trabajo con mi gente sobre cómo aplicar el modelo de GD como herramienta para su desarrollo		
La delegación es una práctica diaria y valorada en mi sector		

a) Identifica cuáles son las fortalezas y cuáles los aspectos a mejorar, a partir del ejercicio anterior y de las notas que tomaste en cada capítulo.
b) En cada caso, distingue sobre qué aspectos vos podrías influir y cuales otros están fuera de tu capacidad de influencia por el momento
c) Prioriza: ¿cuáles son los 3 temas con los que empezarás a trabajar?
d) ¿Cuál es el plan de acción en cada caso?
e) ¿Necesitas recursos de apoyo? (asesoramiento, un mentor, una herramienta específica).
f) Usa el esquema clásico de 5W1H. ¡He aquí TU PLAN!!!

Quién *Who*	**Qué** *What*	**Porqué** *Why*	**Dónde** *Where*	**Cuándo** *When*	**Cómo** *How*

Para ampliar estos temas...

> Molinari, Paula, El Salto del Dueño, Editorial Temas, 2012, cap. 8
> Jack Welch, Winning, Editorial Colling, 2006.
> Levy – Leboyer, Claude, Gestión de las competencias, Editorial Gestión, 2000.
> Rock, David, Quiet Leadership Six Steps to Transforming Performance at Work, Harper Collings, 2006.
> https://www.cebglobal.com/blogs

Algunos videos

> Tsunami de cambios https://www.youtube.com/watch?v=o2whw60OLBI
> Delegación https://www.youtube.com/watch?v=XGwYNeGUslE

Sandra Scarlato

Es Lic. en Psicología UBA (medalla de Honor), con Posgrados en Psicología Clínica (MCBA) y en Recursos Humanos (Escuela de Negocios CEPADE – España).

Lideró equipos de RRHH a nivel regional por más de 10 años en industrias de IT, Financiera y de Investigación Clínica.

Durante más de 15 años fue docente de la UBA en el grado y Posgrado en temas de Psicología Institucional y Desarrollo organizacional, así como también ha sido formadora de Coaches en la EFL (ICF). En Whalecom es Directora de Proyectos y Directora de la "Escuela de HRBP" (HR Business Partners), y participa en programas de Cambio organizacional y consultoría de RRHH.

CONSTRUYENDO EL COMPROMISO

La clave de los equipos de alto rendimiento

Nora Szarazgat

¿Por qué este tema?

Porque las compañías situadas en el 25% superior del ranking de compromiso han obtenido el doble de beneficios que las empresas situadas en el 25% inferior de la lista. (Gallup[2])

Porque las empresas que logran comprometer a sus empleados y a sus clientes logran mejorar su rentabilidad un 240%. (Gallup)

Porque el compromiso impacta en el desempeño más que los beneficios. (Gallup)

Porque las recetas que se vienen aplicando últimamente: más cantidad de días de vacaciones, home office, comida gratis y/o saludable, opciones de salud, clubes, fiestas, participación en los resultados, diversión en la oficina... resulta que no necesariamente impactan o lo hacen positivamente sobre el compromiso.

Porque el compromiso tiene componentes racionales y emocionales. Durante el Siglo XX la emoción estuvo ausente de las consideraciones de las organizaciones y sus líderes. Sin embargo, las buenas noticias del Siglo XXI incluyeron el darse cuenta de que la emocionalidad está, influye y define, aunque intentemos no verlo. Y tenemos que aprender a gestionarla.

Resulta urgente pensar e inventar nuevas alternativas. Como dice Josh Bersin[3], es necesario **ampliar la forma de pensar acerca de qué significa "compromiso"**.

---

2 www.gallup.com (informe Engagement 2012).

3 Bersin, Josh, Becoming Irresistible, Deloitte Review, 2015.

¿Para qué ocuparnos del compromiso?

Para dar mayor espacio a la **innovación**.

Los estudios muestran que, tanto los colaboradores comprometidos, como los menos comprometidos encuentran que su trabajo les sugiere ideas creativas. La diferencia está en el porcentaje...

¿Ideas creativas en el trabajo?	
Colaboradores comprometidos 59%	Colaboradores poco comprometidos 3%

Para **disminuir la rotación en un 40%**, tal como lo demuestra el informe de Gallup.

Para favorecer la **gestión creativa del estrés, disminuir el ausentismo y los accidentes laborales**. El estudio afirma que las personas felices en sus empresas sufren hasta un 48% menos de accidentes.

¿Para quién es este tema?

> Para todos los que lideran gente
> Para los emprendedores.
> Para los ejecutivos.

Principalmente, para todo aquel que tenga colaboradores a cargo o lidere grupos u organizaciones. Contrariamente a lo sucedido hasta la década pasada, el tema del compromiso dejó de ser un "problema de Recursos Humanos" para pasar a la agenda de todos los líderes.

Es un imperativo para los líderes de hoy: adueñarse de la cuestión, hacerla propia y tomar las acciones que están al alcance de cada uno para fortalecer el propio compromiso y favorecer el de los miembros del equipo.

> *La libertad no es la ausencia de compromisos, sino la habilidad de elegir y comprometerme yo mismo, con lo que es mejor para mí. –Paulo Coelho.*

Martina, un caso real

En su primer trabajo relacionado con su carrera, Martina decía a quien quisiera oírla:

—Todo el tiempo estoy aprendiendo, me dan una oportunidad atrás de otra y, si yo me busco las oportunidades, me dejan experimentar.

Y agregaba:

—¡Andrea (su jefa) es tan generosa! Cuando hay cualquier posibilidad de mostrar mi trabajo, me invita. También me llama para escuchar a gente de otras áreas y me da libertad para dar mi parecer. Una de esas oportunidades de exposición fue la posibilidad de participar en un encuentro de benchmarking con otras seis empresas.

Al cabo de dos semanas del mismo, recibió una llamada de una de esas empresas convocándola a una reunión. Cuando Martina regresó, sorprendida, el diálogo que se generó fue el siguiente:

Martina: –¡No lo puedo creer, la reunión era para ofrecerme trabajo! Andrea (tomándola de la mano y llevándola con su propia jefa):

—¡Nosotros encontramos la pepita de oro y nos la quieren quitar!

Jefa de Andrea: Vamos a ver a Alfonso (Gerente del área).

El Gerente, muy serio, le preguntó qué le habían ofrecido, escuchó atentamente y luego comentó que querían retenerla, pero no podrían igualar la oferta. Le proponía efectivizarla, un aumento significativo y sumar algunos beneficios.

Ese día, al llegar Martina a su casa, le contó llorando a su marido lo sucedido. No entendía qué había pasado: ella estaba feliz en su lugar de trabajo, jamás había pensado en irse y lo que más valoraba era ese ambiente que le proporcionaba la posibilidad de mostrar sus habilidades, moverse con soltura en los temas que dominaba y seguir su desarrollo. Ella se sabía y sentía comprometida con su propio desarrollo, con las personas con las que formaba equipo y con la organización en su conjunto.

1. ¿Qué es el compromiso?

1.1 | ¿De qué hablamos cuando decimos compromiso?

Una definición de compromiso:

"Es el grado en el que los colaboradores están implicados/ ligados/ enganchados/ aventurados/ afirmados (racional o emocionalmente) con algo o alguien de la organización impactando en la forma en que trabajan (su dedicación) y en el deseo de permanecer allí."

O también podemos definirlo por lo que observamos…

"La energía, esfuerzo e iniciativa que los colaboradores ponen en el trabajo."

De la definición tradicional de Compromiso como "obligación contraída…" a estos enunciados más actuales, hay un cambio gigantesco esencialmente en la **noción de proceso** –y no de acto–, **voluntario y dinámico**, implícito en las definiciones que proponemos.

1.2 | "¿No se supone que tienen que estar comprometidos?"

Es una pregunta que se escucha mucho, dicha por los líderes o gerentes, expresada a veces con indignación, con enojo. Seguida de otra: "¿Por qué tengo que ocuparme de algo que está implícito que tiene que ocurrir?". Así es también como escuchamos afirmaciones como: "ahora la gente no tiene más compromiso", o el infaltable ataque a las nuevas generaciones con expresiones como: "los jóvenes de ahora tienen compromiso solamente con ellos mismos..."

En fin, la situación es que parece ser que el compromiso no viene asegurado y es un atributo que diferencia a un equipo de otro. Estamos seguros, eso sí, que cuando no ocurre, los impactos son tremendos. De la misma manera, cuando existen niveles altos de compromiso, los impactos también son tremendos.

Por eso creemos que **el compromiso se construye**. Pero... ¿Qué hacen los líderes/jefes que logran un alto nivel de compromiso en sus equipos? ¿Qué condimentos tiene la organización que logra que la gente esté altamente comprometida?

Estas son las preguntas que trataremos de respondernos en esta parte del libro.

1.3 | Las megatendencias y el compromiso

Los grandes cambios de los últimos tiempos (tecnología, globalización, trabajo del conocimiento, mundo incierto, etc...) han modificado profundamente el entorno laboral y la concepción del trabajo por parte de las personas. Esto conlleva a reformular las reglas de compromiso.

Lo que comprometía antes no es lo que compromete ahora: los atributos han cambiado.

Las organizaciones del siglo XX entendían el compromiso como lealtad, definida como "perseverancia, constancia y dedicación hacia algo o alguien más allá de uno mismo" (definición de la American Management Association). La conexión con el empleador era distinta y estaba conformada a partir de una relación padre–hijo.

Hoy, en un mundo incierto, cambiante, complejo, el compromiso en el trabajo se construye en base a una **relación adulto–adulto**, que implica una **elección de doble vía**, y un **pensamiento crítico** y a la vez constructivo. La gente elige, plantea, propone, disiente, y son justamente estos los aspectos del nuevo compromiso de la persona con el equipo y la empresa.

1.4 | ¿Cómo me doy cuenta si están comprometidos? (¡y si yo estoy comprometido!)

	Si	No
1. ¿Te sientes entusiasmado y excitado respecto de tu trabajo?		
2. ¿Alguna vez sientes que pierdes la noción del tiempo porque estás atrapado en algo que disfrutas mucho?		
3. ¿Pones foco en tu trabajo con alegría, en vez de sentirte aburrido y esperar que el día pase?		
4. ¿Inviertes esfuerzo extra para producir más de lo que el trabajo requiere?		
5. ¿Lo que haces es tan interesante que piensas en ello después de hora, por ejemplo, cuando estás manejando?		
6. ¿Con frecuencia estás buscando mejoras que no te fueron requeridas o te propones para trabajar en algunos proyectos?		
7. ¿Tu entusiasmo contagia a los demás?		
8. ¿Estás orgulloso de identificarte con tu trabajo?		

Si tu respuesta es NO en tres o más de las preguntas, es que no estás enganchado. Lo mismo aplica para tus colaboradores. ¿Te animas a hacer la prueba?

2. Motivación y compromiso

2.1 | ¿Qué es motivación?

"Es el conjunto de razones por las que las personas se comportan de las formas en que lo hacen. El comportamiento motivado es vigoroso, dirigido y sostenido".

—John Santrock.

"Es la trama que sostiene el desarrollo de aquellas actividades que son significativas para la persona y en las que ésta toma parte".

—Anna Maria Ajello.

"Podríamos entenderla como proceso que explica el inicio, dirección, intensidad y perseverancia de la conducta encaminada hacia el logro de una meta, modulado por las percepciones que los sujetos tienen de sí mismos y por las tareas a las que se tienen que enfrentar".

—Herrera, Ramírez, Roa y Herrera.

2.2 | ¿Cuál es la relación entre motivación y compromiso?

De acuerdo a las definiciones que compartíamos antes, podremos concluir que la motivación es una condición necesaria para que el compromiso ocurra.

La motivación podrá expresarse en actitudes de colaboración, de escucha, de esfuerzos extra, de claridad en las propias metas y/o en las del equipo, etc. Es importante destacar que también puede verse en colaboradores críticos, con altos niveles de disconformidad y exigencia. La pretensión de mejora, cambio, etc. – en una medida razonable que posibilite lo constructivo– es otra manera de expresar la motivación, motor de todo compromiso.

Si la motivación es lo que te hace mover, el compromiso es lo que te mantiene en movimiento.
El deseo es la llave de la motivación, pero son la determinación y el compromiso con una meta, los que garantizan tu logro.

2.3 | Los tipos de motivación

Por su origen, hay dos tipos de motivación, intrínseca y extrínseca.

MOTIVACIÓN INTRÍNSECA	MOTIVACIÓN EXTRÍNSECA
Proviene de la tarea misma. Es el interés por la propia actividad, por hacer algo que disfrutamos. La tarea misma es la recompensa.	Proviene de algo externo, es decir, hacemos lo que hacemos para obtener otra cosa. Lo que nos mueve es externo. La recompensa está en lo otro. El disfrute está más allá de la tarea misma, está afuera.
Ej.: Estudio un tema porque me apasiona.	Ej. Limpio mi casa porque me gusta que esté bien cuando viene gente.

Siempre que hablamos de motivación, hablamos de algo interno, del individuo, no importa cuál sea su origen, intrínseco o extrínseco.

La incentivación, por el contrario, es la acción externa destinada a estimular determinados comportamientos de los individuos.

2.4 | La motivación y el compromiso redefinidos

El mundo del trabajo, como dijimos, cambió en forma radical. Hoy casi el 100% de la gente tiene trabajos del conocimiento, no más operativos. Un peón de campo con un tractor que tiene un sistema de información, es un trabajador del conocimiento: toma decisiones en base a información. Este gran cambio ha generado una transformación en la motivación, que explica muy bien Daniel Pink[4], como el paso de la Motivación que él denomina 2.0 a la Motivación 3.0.

La Motivación 2.0 está basada en un comportamiento que Pink llama de tipo X, en homenaje al profesor Douglas McGregor, derivado de factores extrínsecos. (Trabajo por el salario, elijo tal cosa por el prestigio social...). Es posible una satisfacción más interna, pero es secundaria. Esta concepción funciona como un sistema operativo, determinando cómo se organizan las empresas, cómo lideran los jefes y qué buscan las personas en el trabajo. Por esto, premios, bonus, en fin, zanahorias... como lo que asegura el comportamiento del colaborador.

La Motivación 3.0, la del mundo actual del trabajo del conocimiento, responde a un sistema operativo en el que el comportamiento es de tipo I (Intrínseco), o sea basado en motivaciones intrínsecas, en la satisfacción inherente a la actividad misma. Los factores esenciales de motivación son 3: l**a autonomía, la capacidad/aprendizaje y el sentido**. Otros beneficios secundarios son bienvenidos, pero sólo como un "bonus".

[4] Pink, Daniel, Drive, the Surprising Truth about What Motivates Us, Riverhead books, 2009

2.5 | Factor I: Autonomía

Hoy la gente disfruta cuando tiene autonomía.

En el sistema operativo 2.0, la creencia era que "cuando el gato no está, los ratones bailan". Se necesitaba supervisión y control para que la gente hiciera las cosas bien... de lo contrario, se generaba indisciplina y desidia. Para el comportamiento 3.0, la premisa es que la gente quiere hacer bien su trabajo. Las personas disfrutan cuando tienen un marco de actuación definido en el que pueden moverse con autonomía, desde los horarios, a la toma de decisiones.

La autonomía se manifiesta en 4 elementos esenciales que impactan definitivamente en los nuevos modelos de negocio, las nuevas formas de liderar y las nuevas propuestas de valor al empleado.

1	**Tarea: el qué**	En Valve, empresa de innovación en juegos, la gente elige en qué proyecto trabaja (www.valve.com).
2	**Tiempo: el cuándo**	En Netflix, las personas definen cuándo se toman vacaciones y cuántos días.
3	**Técnica: el cómo**	En Zappos, nadie monitorea la llamada o el contacto con el cliente, sólo su satisfacción (www.zappos.com).
4	**Equipo: con quién**	En Liveops, las personas pueden ser colaboradores individuales u organizar equipos y ser partners (www.liveops.com).

2.6 | Factor II: Capacidad (Mastery)

Las neurociencias han descubierto que nuestro cerebro está más feliz cuando aprende pequeñas cosas cada día.

Pink entiende Mastery (Capacidad) como la determinación de lograr una mejora continua en la manera de realizar las tareas y los resultados consecuentes. La maestría exige crecimiento continuo, un "mantenerse hambriento". Este nuevo comportamiento de tipo I (intrínseco) **valora los objetivos que implican aprendizaje** y está basado en una teoría de **la inteligencia incremental**. Aprender significa salir de la zona de confort y esforzarse. Practicar, practicar... Es un proceso sin fin, en el que la satisfacción por ser distinto cada día tampoco tiene fin.

A diferencia de este enfoque, el otro sistema operativo, el del comportamiento X, está basado en una teoría de la inteligencia estática, basada en el cumplimiento de la tarea, que desvaloriza el esfuerzo por hacer algo nuevo. Ve el esfuerzo como debilidad.

Es por esto que hoy los jóvenes se desmotivan si hacen siempre lo mismo y buscan explorar todo el tiempo. La variedad de las tareas como factor de motivación está basada en este factor.

2.7 | Factor III. Sentido (Purpose)

El sentido o propósito es el anhelo de que nuestro trabajo sea una contribución al logro de algo con significado. Ayuda a recordar que se brinda servicio a otros, que se colabora con el éxito del propio equipo, de otros equipos, de la empresa, de la sociedad.

La gente que trabaja con autonomía y buscando mejorar y ser mejor (mastery), tiene altos niveles de desempeño. Pero si lo que hacen tiene que ver con un **objetivo superior**, mucho más aún.

La motivación 2.0 está centrada en la generación de rentabilidad. La motivación 3.0 busca la rentabilidad, pero también tiene fundamentalmente otra finalidad (la comunidad, la educación, el bienestar, etc...).

Como megatendencia, este concepto se traduce en la necesidad de que las empresas definan su propósito de otra forma y lo comuniquen. Es el "para qué" está la empresa. De allí, la gran fuerza que están tomando los movimientos como Sistema B de empresas basadas en el triple modelo de resultados (Rentabilidad, Compromiso social y Sustentabilidad).

Los jóvenes, más que buscar un trabajo, buscan adherirse a una causa.

2.8 | Es una gran diferencia

Un grupo de periodistas visitó la NASA en la época de mayor auge de la carrera espacial. Al ver a un conserje trabajando, escoba en mano, y como parte de su investigación, se acercaron a él y le preguntaron:

—¿Cuál es su trabajo en la NASA?

El conserje miró la cámara y respondió:

—Mi trabajo es ayudar a poner el hombre en la luna.

Es obvio que el compromiso y el orgullo que sentía este señor era muy grande. Seguramente, la NASA o su jefe allí, o todo el equipo de trabajo, había generado un marco de sentido que hacía que todos trabajaran con gran dedicación e identificados con la causa.

La pregunta a responderse ahora es la siguiente: ¿tus colaboradores darían una respuesta semejante a esta? Y si la respuesta es no:

¿es porque no está aún claro el sentido? ¿O quizás es que está claro y no está comunicado? ¿qué estás haciendo para generar sentido?

2.9 | Unos casos como ejemplo

Algunos ejemplos de formas nuevas de hacer las cosas, producto del sistema operativo 3.0 y la nueva concepción de la motivación y el compromiso.

El modelo de "horas facturables" de los abogados no tiene lugar en un mundo de Motivación 3.0 porque pone foco en el input – las hs/hombre –y no en el output– resolver el tema del cliente.

Tony Hsieh, fundador de Zappos (hoy perteneciente a Amazon) no hace monitoreo de la atención a los clientes, ni da a los empleados "guiones", ya que cree que el trabajo de sus empleados es atender a los clientes bien, y deja que lo hagan a su modo. Los empleados trabajan desde sus casas.

JetBlue Airways, línea aérea lanzada en el 2000, tiene un servicio de atención al cliente organizado desde las casas. La productividad y satisfacción es más alta que en otras organizaciones del sector.

2.10 | Empezando a hacer cosas diferentes...

Y ya van las primeras conclusiones: hay que hacer cosas distintas de las que se hacían antes... Algunas sugerencias:

- Identifica que, como cada persona es única y además, cambiante, su ranking de motivación también lo es. Por lo tanto, descubre qué motiva a cada quién en el equipo.
- Define las tareas en las que poder otorgar autonomía a los diferentes colaboradores. Especifica en qué aspectos y con

qué límites, relacionados con su grado de conocimiento, *expertise* y madurez.

- Recuerda que es necesario tener un trato equitativo, no igualitario con los colaboradores. Es decir, ser justo en relación a lo que cada uno sabe/ quiere/ puede.
- Para que esta justicia sea percibida como tal, tiene que ser transparente a los ojos del equipo. Comunicar con claridad cuáles son los criterios de asignaciones, delegación, etc. ayudará en ello.
- Reconoce los conocimientos/ habilidades de cada colaborador, brindándoles la posibilidad de profundizarlos, expandirlos y transmitirlos a otros.
- Comunica de forma continua el impacto del trabajo que se realiza: para quién, por qué es relevante, qué pasa si no se cumple en tiempo y forma, cuál es el sentido último.

3. Entendiendo el compromiso

3.1 | La mecánica del compromiso

El idioma inglés tiene dos palabras para compromiso: "*engagement*" y "*commitment*". Es por eso que el vocablo inglés Engagement se usa cada vez más. ¿Cuáles son los componentes del Engagement? Dos tipos de compromiso.

1. **El compromiso racional**: grado en que la persona cree que el jefe, el equipo o la organización satisfacen sus intereses financieros, de desarrollo o profesionales. Es lo que la persona piensa.
2. **El compromiso emocional**: grado en que la persona disfruta y cree en su trabajo, jefes, equipo u organización. Es lo que la persona siente.

Cuando las personas están altamente comprometidas, están estos dos tipos de compromisos presentes. ¿Puede existir uno sin el otro? Sí, pero la situación tiene patas cortas... Por ejemplo, alguien que trabaja exclusivamente por dinero sin identificarse emocionalmente.

¿Cuánto tiempo dura? Y si dura, la persona no disfruta seguramente.

¿Con qué se comprometen las personas? Según el modelo acuñado por el Corporate Leadership Council en 2004, existen cuatro puntos focales del compromiso: la tarea, el equipo, el jefe y la empresa. Si la persona tiene compromiso con todos ellos, estamos en el mejor de los mundos, pero no siempre es así...

Puntos focales	Caso
La tarea	Gabriela es investigadora. Trabaja en un organismo público con el que no logra identificarse, pero su trabajo la apasiona. Disfruta cada minuto que pasa en el microscopio.
El equipo	Vilma ingresó hace unos años a una consultora en la que hizo un montón de amigos y es muy valorada. Se divierte muchísimo con sus colegas y aprende mucho de ellos.
El jefe	Sebastián trabaja en una empresa de bebidas. Su antiguo jefe, al que valora mucho por los grandes desafíos que le ha planteado en su carrera, fue trasladado a Panamá. Cuando lo llama y le dice que lo necesita, que hay que dar vuelta el negocio de Panamá, Seba hace la valija sin dudarlo.
La empresa	Javier trabaja en una empresa muy prestigiosa y valorada en el sector de los servicios profesionales. El prestigio de la empresa le generará una marca en su currículum, que potenciará su marca personal.

Pero cuando la gente tiene una combinación entre compromiso racional y emocional en uno o más puntos focales… ¿en qué se traduce? ¿qué es lo que vemos los jefes?

1. **Mayor dedicación:** (el colaborador hace aportes no esperados, tiene iniciativa, colabora con los otros, se ocupa de cosas que están afuera de su esfera de control, etc…) Como decía recién Alejandro, gerente de una planta de bebidas, es el colaborador que cuando va al supermercado para comprar algo para la familia, mira cómo está el producto y si hay algo para mejorar, se ocupa.
2. Ganas de estar allí, **intención de permanecer**. Es el colaborador que se siente en su salsa, o como en su casa, totalmente identificado.

Este proceso puede representarse de la siguiente manera:

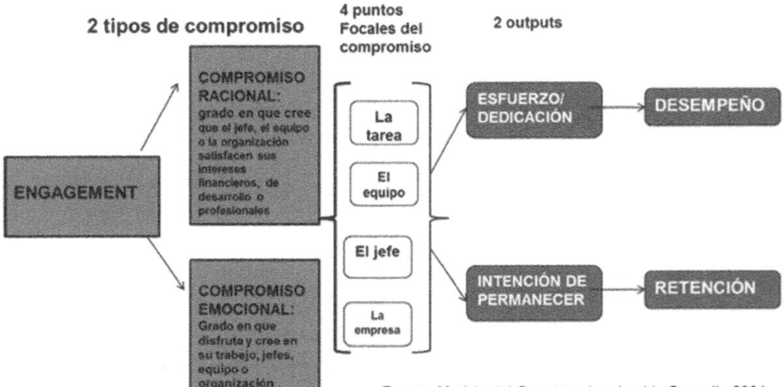

Fuente: Modelo del Corporate Leadership Council - 2004

3.2 | Las palancas del compromiso

¿Cuáles son las acciones que apalancan el "engagement", generando compromiso emocional y compromiso racional? Según la teoría de Nitin Nohria, decano de Harvard Business School, las personas tenemos cuatro necesidades básicas.[5]

Las 4 necesidades

Adquirir	Relacionarse	Comprender	Defender

[5] *Nohria, Nitin y otros, Employee Motivation a Powerful New Model, HBR, 2008*

- o **Adquirir:** obtener algo que no se tiene, desde tangibles como dinero o intangibles como reconocimiento, visibilidad, status. Es un impulso relativo porque siempre se compara con las posesiones de los demás. Y es insaciable porque la ambición siempre es de adquirir más.
- o **Relacionarse:** crear conexiones con individuos y grupos. Este impulso explica el enorme aumento en la motivación cuando los colaboradores se sienten orgullosos de pertenecer a la organización y su baja en la moral cuando perciben que la misma los traiciona. También explica por qué cuesta tanto romper los "silos" o "compartimentos estancos": las personas se sienten vinculadas con sus grupos más cercanos. Esta necesidad impacta fuertemente en el compromiso emocional.
- o **Comprender:** satisfacer nuestra curiosidad y dominar el mundo que nos rodea, hacerlo más comprensible y sugerir acciones y respuestas razonables. Explica el deseo de hacer una contribución significativa. Los colaboradores se sienten motivados por tareas que los desafían y les permiten crecer y aprender.
- o **Defenderse:** protegernos contra las amenazas externas y promover la justicia. Está enraizado en la respuesta básica de huida o pelea. Se relaciona con la necesidad de sobrevivir, de ganar, de superar. La satisfacción de este impulso genera sentimientos de seguridad y confianza. La no satisfacción produce miedo y resentimiento.

La mejor situación para apalancar el compromiso se da cuando trabajamos con las 4 necesidades.

3.3 | Las palancas básicas

	Impulso	Palanca básica	Acciones
1	Adquirir	Sistema de recompensas	Diferenciar claramente a quienes se desempeñan bien de los que lo hacen mal o de forma mediocre. Vincular claramente las recompensas con el desempeño. Pagar igual de bien que los competidores.
2	Relacionarse	Cultura	Fomentar la confianza mutua y la amistad entre colegas. Valorar la colaboración y el trabajo en equipo. Alentar el intercambio de mejores prácticas.
3	Comprender	Diseño del puesto de trabajo	Diseñar trabajos que tengan roles particulares e importantes en la organización. Diseñar trabajos que sean significativos y que fomenten un sentido de contribución a la organización.
4	Defenderse	Procesos de gestión del desempeño y de asignación de recursos	Aumentar la transparencia de todos los procesos. Enfatizar la justicia de los procesos. Construir confianza siendo justo y transparente al otorgar recompensas, tareas u otra forma de reconocimiento.

3.4 | Un plan de apalancamiento

Como dijimos antes, el compromiso se construye. El modelo de los cuatro "drives" o necesidades básicas nos genera una estrategia para hacer un plan de apalancamiento.

Imaginemos que queremos generar compromiso, pero tenemos presupuesto "0". Te propongo el siguiente cuadro para que elabores tu plan, con un ejemplo de apalancamiento del compromiso en jóvenes profesionales.

	Jóvenes profesionales
1. Tener	Tener visibilidad Reunión con el Gerente General para contar experiencias y aprendizajes.
2. Relacionarse	Organizar torneo de "play"
3. Comprender	Participación de los jóvenes en proyectos de otra área distinta a aquella en la que trabajan (como plan de desarrollo)
4. Defender	Reunión sobre el Sector de Actividad y el posicionamiento de la empresa. Proyecto: Mistery Shopper con nuestros competidores (con los jóvenes profesionales como voluntarios)

4. Construyendo el compromiso

4.1 | El compromiso pobremente gestionado

> El 13% de los empleados está "muy comprometido".
> El 26% de los empleados está "activamente desconectado".
> En el sector de la alta tecnología 2/3 de los trabajadores creen que podrían encontrar un trabajo mejor en menos de 60 días sólo si se tomaran el tiempo para mirar.
> Más del 70% de los Millennials esperan que sus empleadores se concentren en temas que preocupan a la sociedad.
> También el 70% de ellos quiere ser creativo en su trabajo y no encuentra oportunidad para ello.
> En las encuestas sobre compromiso, el 50% de los respondentes cree que los ejecutivos saben cómo construir una cultura de "engagement".
> El 51% de las empresas desarrolla objetivos alineados y coherentes. Sólo el 6% de ellas vuelven a revisarlos con regularidad trimestral para ajustarlos.
> Las organizaciones con fuerte cultura de aprendizaje, desarrollo y movilidad –aspectos comprobados que inciden en el compromiso– tienen tasas de atracción y retención del talento entre un 30/50% mayor que sus competidores.

Las empresas que se ocupan de trabajar en el compromiso, tienen tres veces mejor rendimiento y retención que quienes los revisan anualmente.

Fuente: Investigación de Gallup 2014 citada por Deloitte, Become Irresistible, 2015.

4.2 | Una gran oportunidad

Según su nivel de compromiso, los colaboradores se clasifican de la siguiente manera:

- **Colaboradores perjudiciales:** tan poco comprometidos que se quejan continuamente y contagian al resto de compañeros situados a su alrededor.
- **Colaboradores indiferentes:** se limitan a cumplir con sus obligaciones laborales lo mejor que pueden, pero no ponen un esfuerzo de su parte para ser cada vez mejores.
- **Colaboradores contribuyentes:** manifiestan altos niveles de compromiso, tienen un alto rendimiento y por ello habitualmente forman el grupo de empleados con talento, aquellos que más valor aportan a la compañía.

Según investigaciones del Corporate Leadership Council, sólo el 11% de los colaboradores muestra un compromiso alto, sólo el 13% está definitivamente no comprometido (coincide con las personas de desempeño bajo) y un 76% está un poco comprometido...

Este panorama general presenta un gran riesgo, pero también la gran oportunidad de apalancar el compromiso a partir de la acción.

4.3 | La estrategia para construir compromiso

Josh Bersin, en la investigación que citamos al inicio de esta parte del libro basada en la pregunta "¿Cómo volvernos irresistibles?, genera un modelo de 20 estrategias generadoras de compromiso, organizadas en 5 dimensiones.

Las 5 dimensiones son las siguientes:

1	Trabajo con sentido
2	Management por resultados
3	Ambiente de trabajo positivo
4	Oportunidad de aprendizaje y crecimiento
5	Confianza en los jefes/dirección

En cada dimensión, cuatro son las estrategias:

1 Trabajo con sentido	2 Management por resultados	3 Ambiente positivo	4 Oportunidad de aprendizaje y crecimiento	5 Confianza en los líderes/ dirección
Autonomía	Objetivos transparentes y claros	Ambiente laboral flexible	Formación y apoyo en el trabajo	Misión y propósito
Relación persona/ puesto	Coaching	Clima de trabajo	Opciones de movilidad del talento	Inversión continua en las personas
Equipos pequeños y empoderados	Inversión en desarrollo	Cultura del reconocimi ento	Aprendizaje autodirigido y dinámico	Transparencia y honestidad
Tiempo flexible	Gestión del desempeño moderna	Ambiente inclusivo y diverso	Cultura de aprendizaje de alto impacto	Inspiración

A continuación, profundizaremos en cada una de las dimensiones aportando ejemplos concretos y prácticas innovadoras.

4.4 | Dimensión 1: trabajo con sentido

1	**Autonomía** Uno de los factores de motivación de Daniel Pink y fuentes de sentido. La gente valora trabajar en lugares donde el marco de actuación está claro y puede ser autónoma.	Ejemplo: www.liveops.com Liveops es un contact center en el que trabajan 20.000 operadores desde sus casas, eligiendo el horario. La propuesta de valor: "sé tu propio jefe".
2	**Relación persona/puesto** A mayor intersección entre los intereses de la persona y el rol, se genera más sentido.	Es indispensable perfeccionar los sistemas de selección para identificar intereses y las capacidades de los jefes para indagar intereses de sus colaboradores. (si entras a la página de Starbucks, te cuentan qué competencias evalúan en el proceso de selección).
3	**Equipos pequeños y empoderados**	Aparecen nuevos sistemas de gestión, como la holocracia, basados en pequeños equipos autónomos (por ej. www.zappos.com).
4	**Tiempo flexible** El factor tiempo es uno de los atributos de mayor peso hoy como fuente de atractividad.	Phillips en Argentina implementó el Core Time (los empleados deben estar en la oficina de 11 a 16 hs). Cada vez más empresas brindan beneficios relacionados con el tiempo. En Virgin y Netflix, cada persona define las vacaciones que se toma.

4.5 | Dimensión 2: management por resultados

1	**Objetivos transparentes y claros** De la gestión "cara a cara" a la gestión por resultados.	Los sistemas de gestión valorados por los Millennials están basados en objetivos claros y métricas compartidas. Los períodos de tiempo para el seguimiento se acortan a una semana o 15 días, y el feedback es inmediato.
2	**Coaching y Mentoring** Proliferan los "dispositivos" de gestión que apoyan a las personas a lograr sus objetivos basados en el acompañamiento.	Por ej. en Cablevisión se ha implementado con enorme éxito el Mentoreo de pares, programa que apunta a apalancar el desempeño de los supervisores de primera línea.

3	**Inversión en desarrollo** Las empresas invierten en el desarrollo de líderes efectivos.	Los programas de desarrollo de líderes, basados en la cultura, y con foco en el desarrollo son herramientas estratégicas.
4	**Gestión del desempeño moderna** Cambios en los programas de gestión del desempeño y en los sistemas de reconocimiento.	Accenture y Globant han cambiado sus programas de desempeño por procesos más trasparentes y colaborativos, con un colaborador con un rol activo.

4.6 | Dimensión 3: ambiente positivo

1	**Ambiente laboral flexible** Nuevos concepto de flexibilidad en tiempo, espacio y adecuación a distintos segmentos.	Por ejemplo, aparecen programas destinados a dar tiempo flexible a las madres (y padres) durante el primer año de su bebé.
2	**Clima de trabajo** Aumenta el foco en las celebraciones, los espacios para compartir, la diversión.	Los jefes de Zappos dedican un 20% de su tiempo en generar situaciones de integración y de diversión (www.zappos.com). Farmacity hace un censo entre sus empleados para conocerlos más y saber en qué puede ayudarlos.
3	**Cultura de reconocimiento** Aparecen distintas formas de dar reconocimiento, con procesos más colaborativos.	En Globant, los empleados comparten una aplicación que les permite dar reconocimientos unos a otros.
4	**Ambiente inclusivo y diverso** La diversidad pasa a ser una ventaja competitiva.	Las empresas con programas para gente con capacidades diferentes admiten que su inclusión ha mejorado el clima.

4.7 | Dimensión 4: oportunidades de aprendizaje y crecimiento

1	**Formación y apoyo en el trabajo** (Es el Mastery del que hablaba Daniel Pink). Brindar oportunidades de aprendizaje genera compromiso.	Starbucks lanzó en 2015 un programa de apoyo en el estudio para sus baristas.
2	**Opciones de movilidad del talento** Los Millennials buscan variedad y las empresas empiezan a pensar cómo ofrecer opciones.	Las empresas mejoran sus programas de "talento" detectando intereses, proponiendo proyectos, rotaciones, nuevos aprendizajes.
3	**Aprendizaje autodirigido y dinámico** Las personas son cada vez más activas en su proceso de aprendizaje. La autonomía se ve también en este campo.	Las empresas generan sus Universidades corporativas con cada vez más oferta junto con reconocimiento a las iniciativas de las personas por aprender. Se organiza el aprendizaje de pares.
4	**Cultura de aprendizaje de alto impacto** Las organizaciones que aprenden son las que pueden innovar.	Centros de innovación, Design thinking, Jornadas de proyectos: son dispositivos que generan tensión y aprendizaje.

4.8 | Dimensión 5: confianza en los líderes

1	**Misión y propósito** Las empresas redefiniendo su propósito.	El "para qué" se vuelve muy importante. Cada vez se generan procesos más participativos. El foco en la sustentabilidad y compromiso social crece.

2	**Inversión continua en las personas**	Cada vez más, los que toman decisiones en contacto con los colaboradores para generar credibilidad, confianza y compromiso.
3	**Transparencia y honestidad** Como valores fundamentales "gestionados", no declarados.	En Akamon Entertainment, todos conocen los sueldos de todos, hasta del CEO. La transparencia es uno de sus valores.
4	**Inspiración** Cada vez está más claro que no importan lo que dices sino lo que haces.	Los atributos que hacen que los líderes sean inspiradores: modelos de rol, cercanos, transparentes, innovadores.

4.9 | ¿Y el dinero?

Seguramente te estarás preguntando dónde entra el dinero en todo esto. ¿No es un factor que aporte al compromiso?

Las investigaciones muestran que la compensación es un elemento que está relacionado con la satisfacción y no con el compromiso.

Desde la perspectiva de la teoría de los dos factores de Frederick Herzberg, la compensación es un "factor higiénico". En esta teoría, el famoso psicólogo diferencia los factores que producen satisfacción de aquellos cuya ausencia que genera insatisfacción. A estos los llamó "factores de higiene". Cuando faltan o son inadecuados causan insatisfacción, pero su presencia tiene muy poco efecto en la satisfacción a largo plazo, y menos aún en el compromiso.

Como conclusión, cuando la gente está "no–satisfecha" es muy difícil lograr compromiso, por lo tanto, el dinero es importante pero no es una palanca del compromiso.

5. Algunas recomendaciones

5.1 | ¿Y cuando el colaborador ya está comprometido?

El compromiso no es una estación a la que se arriba y luego, un lugar de residencia. Esto significa que, si no se trabaja en el fortalecimiento del compromiso, existe un riesgo de que el mismo sucumba.

Algunas sugerencias:

> Brindar feedback regularmente a los colaboradores comprometidos, mostrando en qué y cómo se observa específicamente dicho compromiso.
> Promover que los colaboradores comprometidos sean embajadores del compromiso con sus pares.
> Facilitar el intercambio de experiencias, formas de resolución de dificultades y toma de posición frente a conflictos.
> Saber "hacerse a un lado": permitir el protagonismo de los colaboradores comprometidos con ejercicio de liderazgo rotativo en toda aquella situación que lo permita.
> Escuchar las sugerencias de estos colaboradores e implementar todas las que sean posibles. Brindar feedback sobre aquellas que no lo son, ayudando a reorientar.
> Fomentar espacios de intercambio con otras áreas que nutran y afiancen el compromiso.

5.2 | Algunos tips para reflexionar

- Las investigaciones muestran que el **trabajo significativo se produce en equipos pequeños**. Jeff Bezos, el CEO de Amazon dice que "si hay más de dos pizzas en la habitación para el almuerzo, entonces el equipo es demasiado grande".
- Las personas necesitan **tiempo para pensar, crear y descansar**. En Atlassian, una vez cada seis meses hay una Jornada de trabajo libre: puedes trabajar en lo que quieras, pero a las 24 hs tienes que compartir lo que has encontrado. Muchas de las innovaciones de esta empresa tan creativa provienen de esta Jornada de libertad.
- La inversión en prácticas de gestión tiene un tremendo impacto en el compromiso, rendimiento y retención. Los mandos medios son los que hacen que las cosas pasen. Son ellos quienes gestionan, establecen metas, brindan apoyo, generan oportunidades para que el alto rendimiento ocurra, proporcionan información continua para mejorar. Apoyar a los mandos medios es fundamental si queremos apalancar el compromiso.
- **Metas simples y claras** generan alto compromiso. Cuando las personas tienen objetivos claramente definidos, que se han discutido y compartido, se crea alineación, satisfacción y discusiones productivas.
- Una gran práctica que impulsa la participación y el compromiso es el **coaching**. Esto supone entender las fortalezas de las personas, reorganizar el trabajo para aprovechar esas fortalezas y entrenarlas para construir sobre ellas.
- El **reconocimiento continuo y permanente** es un factor de apalancamiento del compromiso. Las empresas de alto reconocimiento tienen un 31% menos rotación que las de cultura de poco reconocimiento.

- o Alentando el reconocimiento: crear un entorno social donde el reconocimiento puede fluir entre pares y no, necesariamente, de líderes a colaboradores, tiene gran impacto en el compromiso.
- o Los lugares de trabajo **inclusivos y diversos** generan compromiso. Sin embargo, mientras que el 71% de las organizaciones tratan de fomentarlos, sólo el 11% efectivamente tiene un ambiente de estas características.

5.3 | Sergio, otro caso real

El protagonista: Sergio, joven profesional con un año y medio en la posición, alto potencial y grandes expectativas de desarrollo.

Había pasado un intenso proceso de selección que relataba a sus amigos en estos términos:

—*Al principio sentía que era un examen detrás del otro y que estaba siendo observado y evaluado todo el tiempo. Pero después fue impresionante y me empecé a divertir: yo estaba en otros tres procesos y los cuatro me tenían entre los preseleccionados. Ahora era yo el que evaluaba qué me convenía más.*

La decisión de Sergio se basó en que, en esta empresa, encontraba un programa de capacitación y rotaciones por diversas áreas que coincidía con sus expectativas.

Pasado el tiempo, comentó con su tutora en RR.HH. que la experiencia estaba superando lo esperado ya que su jefe era muy generoso con sus experiencias y conocimientos.

Cuando Sergio terminó el programa y fue asignado a un área, su jefe decidió que, para aumentar su compromiso, le daría una posición intermedia y un bonus... Al cabo de 8 meses, Sergio renunció a la empresa y se fue a recorrer África durante un año.

En la entrevista de egreso comentó lo siguiente:

—"Hubo varias cosas que me decepcionaron. Por un lado, la verdad es que la posición que tenía me excedía en jerarquía, en relación con mis compañeros. Me sentía incómodo. Pero, por otro lado, el trabajo en sí era muy poco desafiante. Y te digo algo que me rompió todos los esquemas: no sé qué tenía que ver el bonus con el planteo de mayor compromiso. No entiendo y además, me enoja. Yo estaba super comprometido y me ofende que alguien crea que se puede "comprar" algo que no tiene valor monetario."

Obviamente, no cobró el bonus.

Para reflexionar: ¿qué ocurrió con Sergio?

5.4 | Los vendedores comprometidos. (*)

El negocio de venta de pinturas se distribuye entre varias empresas. Pero hay una que logra captar a los mejores vendedores.

Pedro, el dueño de esta cadena de 14 pinturerías, un día decidió que sus vendedores eran clave para el negocio.

Eligió a los mejores, y les preguntó qué características debía tener una empresa de su rubro para transformarse en el mejor lugar para trabajar. Lo desarrollaron juntos.

Los vendedores de Pedro ganan bien, pero no mejor que en la competencia. Allí no radica la diferencia. Pero tienen algunos premios especiales, relacionados con la fidelización de los clientes y con los aportes extraordinarios (por ejemplo, colaborar con otros miembros del grupo).

Los vendedores de los distintos locales se reúnen todos los meses, en un espacio para intercambiar experiencias y hacer propuestas para mejorar su trabajo.

Todos los meses, Pedro dona una importante cantidad de pintura, para que los vendedores mismos organicen una actividad solidaria en escuelas. Así, una escuela por mes mejora sus instalaciones.

Gracias a estas medidas, entre los vendedores de pintura, se comenta que la empresa de Pedro es el mejor lugar para trabajar. Sobre todo, para los vendedores que buscan participación y que valoran las actividades solidarias.

Para reflexionar: ¿Qué genera la alta motivación de los vendedores?

(*) Caso extraído del Cap. 8 de El Salto del Dueño de Paula Molinari, Ed. Temas.

Nora Szarazgat

En los últimos dieciocho años, se ha dedicado al campo de la capacitación y desarrollo de recursos humanos. El trabajo realizado en estos años, ha tenido lugar en Argentina, Brasil, México, República Dominicana, Perú, Chile y España, en las industrias financiera, retail, IT, Telecomunicaciones, ONG, Organismos de gobierno, energía, multimedios, transporte, entre otras. Es Consultora en Whalecom desde 2012 principalmente como capacitadora, diseñadora didáctica y coach.

Con formación en el área de Educación y Pedagogía, ha realizado dos Posgrados en Nuevas Tendencias en Educación y Formación de formadores. Es Coach Ejecutivo certificada por AECOP España y ha realizado cursos de perfeccionamiento en diversas áreas de su especialidad.

CONVERSACIONES DIFÍCILES

Cómo enfrentar las situaciones complejas

Vilma Vaccarini

Mi primera conversación difícil

Dudé de la existencia de Dios la mañana del seis de enero de 1959.

Día de Reyes. Tenía 5 años.

Con mis hermanas pedimos una bicicleta. Nuestros vecinitos, de una familia muy humilde, también pidieron lo mismo.

A nosotras nos dejaron una bicicleta usada. A mis amiguitos nada. Entonces le pregunté a mamá:

—*¿Por qué si Dios es justo y ve todo, no le mandó con los Reyes la bicicleta a mis amiguitos?*

Esa vez la explicación de mi mamá no me convenció. ¡Qué conversación difícil!

Su respuesta no estuvo alineada con su expresión. Estaba tensa. A diferencia de otras veces, su voz no me tranquilizó.

Para comunicar es necesario alinear qué decimos, cómo lo decimos y qué expresamos. Porque si no existe esta alineación, al otro le impactará más lo que mostramos que lo que decimos.

Un caso: el silencio que habla

Nicolás, en su nuevo rol de jefe, observa que Gabriel, que antes era su par y ahora uno de sus colaboradores, trabaja a desgano, demuestra poco interés y su productividad es baja.

A Nicolás le cuesta abordar a Gabriel, quien suele responder de manera directa y a la defensiva. Sabe que debe hacerlo, que es una de las funciones de su nuevo rol y que es necesario un diálogo. Piensa que tal vez Gabriel está celoso de su rol y que en unos días cambiará, cuando acepte la situación.

La actitud de Gabriel impacta en el resto del grupo. Aparecen roces y conflictos con los compañeros. Poco a poco Nicolás ve cómo lo excluyen de algunas conversaciones y se pregunta si eso hará reflexionar a Gabriel.

El clima se pone más tenso y Nicolás no aborda la situación.

¿Por qué Nicolás no asume una conversación con Gabriel y con el resto del equipo en lugar de esperar y suponer o creer que las cosas se resolverán solas como por arte de magia?

Es que... es una conversación difícil

Nicolás está paralizado. ¿Te sucede o te ha sucedido algo similar a lo de Nicolás?

> ¿Qué te impidió o te impide abordar la situación?
> ¿Crees que si abordas la situación, ésta empeorará?
> ¿Ya has intentado hablar del tema y no resultó como esperabas?
> ¿Sientes que se posterga el tema y no puedes hacer nada?
> ¿Piensas que el tema es importante y sin embargo no puedes avanzar?

> ¿Quisieras liberarte de este tema y resolver la situación?
> ¿Te sientes atrapado, paralizado?
> ¿Te da miedo enfrentar la situación?

El líder es un agente conversacional

Es diseñador y responsable del espacio conversacional que requiere su equipo. Es modelo y promotor de competencias conversacionales.

1. La conversación difícil

1.1 | ¿Qué es?

Una conversación nos resulta difícil cuando el **tema o la relación nos importan** y/o nos afectan. Es aquella situación que nos genera **ansiedad y angustia** con sólo pensar en iniciarla. Es por esto que dudamos en abordarla y muchas veces la postergamos.

¿De dónde surge la angustia? Quizás porque sabemos que el tema a discutir es importante para nosotros o para el interlocutor y representa un conflicto potencial. O, también, sentimos que esa persona es muy valiosa para nosotros y tememos lastimar la relación.

En fin, **nos sentimos paralizados.**

¿Confronto? ¿Y si pongo en riesgo la relación?

De manera inconsciente, solemos trasladar al otro estos temores y emociones negativas, y surgen entonces suposiciones que no son "reales" y nos paralizan: "se va a ofender", "me va a decir que no"... Entonces evitamos la situación en lugar de dialogar, indagar, decir lo que pensamos y obtener información de calidad para poder actuar.

—Hace mucho que no hablamos.

—Y estuvo bien ¿no? Sigamos así.

1.2 | Algunos ejemplos de conversaciones difíciles

> Decir **No** a un colaborador o a un par.

> Solicitar un **aumento** de sueldo.

> Pedir **disculpas** para reparar un error.
> Tratar con alguien que nos despierta **emociones negativas**.
> Dar **feedback sincero y constructivo** a un colaborador que tiene bajo desempeño.
> **Juzgar** el trabajo de un colega.
> Dar una mala noticia: **"El proyecto que prometimos entregar en tres semanas está demorado, y necesitamos por lo menos seis semanas para concluirlo"**
> Tratar un tema que puede **generar conflictos**.
> Reclamar a otro algo que **prometió y no cumplió**.
> Plantear **dificultades** inter–áreas.
> Hablar con un compañero de equipo que se comporta en forma inadecuada o hace **comentarios ofensivos**.
> Pensar en términos de **ganar o perder**.

—Hola jefe, ¿cómo está? Quería decirle algo...

—Bien, oye tengo sólo 99 por ciento de batería, hablamos mañana, bye.

1.3 | ¿Por qué evitamos las conversaciones difíciles?

> Por temor al rechazo.
> Para evitar conflictos.
> Por temor a dañar las relaciones.
> Por falta de habilidades para atravesarlas.
> Porque conllevan costos.
> Porque si digo qué pienso me puedo meter en problemas.
> Porque si digo cómo me siento me verán vulnerable.
> Porque no quiero ser terapeuta de nadie.
> Por falta de consideración del modelo mental del otro.

> Porque tengo la ilusión del otro como un "otro yo" y ya se dará cuenta solo.
> Porque no tengo claro qué canal utilizar.
> Por códigos y pautas culturales diferentes.
> Por falta de tiempo.
> Por incapacidad de las partes para articular sus ideas con claridad.

1.4 | Pero… ¡Evitar las conversaciones difíciles no es gratis!

Nos genera los siguientes costos…

- Improductividad
- Pérdida de tiempo
- Imagen deteriorada
- Falta de confianza
- Pérdida de dinero
- Pérdida de la oportunidad
- Se resiente el clima laboral
- Desmotivación

"La ausencia de conversaciones
produce la pérdida del liderazgo"

1.5 | El impacto de evitar una conversación difícil

Para analizar el impacto que genera evitar una determinada conversación difícil, identifica las siguientes variables:

¿Qué es lo valioso y significativo para mí? ¿Qué cree qué es lo valioso y significativo para el otro?

¿Qué puede pasar si no la abordo? ¿Cuáles son mis emociones?

¿Cuáles son las emociones del otro? ¿Qué pasa con mi imagen?
¿Cómo me veo?
¿Qué le puede pasar al otro? ¿Cómo se ve?

Nada hará que las conversaciones difíciles se transformen en fáciles si las postergamos o las eliminamos. El éxito radica en afrontarlas hábilmente.

1.6 | Hábitos a favor y en contra

Hábitos improductivos	Hábitos productivos
Creemos tener razón y ser más razonables que los otros.	Comprender que al otro su punto de vista puede resultarle tan claro y razonable como a nosotros el nuestro.
Creemos que tenemos toda la información para hacer prevalecer nuestro punto de vista.	Asumir que tenemos un conocimiento parcial y subjetivo.
Creemos que nuestra manera de pensar tiene sentido y que los demás deberían comprenderlo.	Comprendemos que cada persona hace una interpretación subjetiva de la situación y podemos considerar alguna información que no tenemos y el otro sí tiene.
La conversación se vuelve frustrante cuando repetimos una y otra vez nuestro punto de vista y aún más si enfatizamos el tono de voz.	Compartimos los puntos de vista y estamos dispuestos a desafiar nuestro punto de vista a través del diálogo.

2. Las personas y la percepción de la realidad

2.1 | El mundo de las relaciones es un mundo de percepciones

Cada persona, por su historia y por sus experiencias, recorta la realidad de manera única. En cada conversación surgen las diferentes percepciones que acercan o distancian a quienes conversan. Pueden facilitar el diálogo o pueden generar "ruidos" que dificulten el objetivo real de la conversación. Es importarte distinguir estas percepciones.

"La distinción es el acto básico de la inteligencia humana".

Entonces... ¿cómo evitar malos entendidos?

¿Qué canal de comunicación elegir para cada situación?

¿Cómo organizar información abundante y compleja para articular ideas claras y lograr una comunicación concisa y eficaz?

¿Cómo lograr compromisos a partir de una conversación, si no tenemos en cuenta las diferentes percepciones y a veces nos perdemos en ellas?

"Sólo las distinciones vuelven visible lo invisible y nos permiten intervenir en la realidad".

2.2 | Identificando las distinciones

¿Qué queremos decir? ¿Sabemos cómo decirlo? ¿Decimos todo lo que hay que decir? ¿Qué decimos realmente cuándo llega el momento?

¿Qué escucho? ¿Qué escucha el otro? ¿Qué comprende realmente?

¿Qué acepta de lo que decimos? ¿Qué retiene?

¿Qué pone en acción finalmente?

Estar conscientes del proceso por el cual cada persona recorta la realidad según su modelo del mundo, nos posibilita **distinguir y actuar de acuerdo al modo de ser del otro**, y comunicar desde ese modelo para que la conversación resulte productiva. **Detectar estas distinciones nos posibilita aprender, generar cercanía y ser flexibles.**

2.3 | Algunas opciones para abordar conversaciones:

> Suspender los prejuicios.
> Reconocer nuestras emociones.
> Diferenciar el auténtico interés de cada una de las partes.
> Escuchar activamente.
> Ser empático y sensible con el otro.
> Invitar a la otra parte al mismo proceso.
> Mantener el equilibrio.
> Enfocarse en el objetivo de la conversación.
> Dar espacio para que se dé una auténtica interacción en la que sean valoradas las percepciones y opiniones.
> Elegir el canal más adecuado acorde con la situación (personal, por mail, skype, teléfono).

*Diferentes personas, pueden mirar e interpretar la realidad de manera diferente. Cuando entablamos una conversación teniendo en cuenta las diferentes realidades, comienza realmente una **conversación interesante.***

2.4 | Un caso: hablar es mejor

Gustavo y Felipe son supervisores de una línea de producción desde hace un año. Se comunican fluidamente cuando se transmiten la información en los cambios de horario y en las reuniones grupales que mantienen con los colaboradores. Sin embargo, en las dos últimas semanas Felipe observa que Gustavo está distraído, no muestra interés y no comunica información relevante para el turno de Felipe y su equipo.

Felipe se pregunta:

"¿Estará frustrado porque en mi turno producimos más"

"En la última reunión estuve un poco brusco. ¿Se habrá molestado?"

"¿Creerá que tengo información que no comparto porque me vio hablando con el gerente?"

El viernes habló con Gustavo de esta manera:

"¿Cómo estás? Hace unos días que te noto diferente, se te ve preocupado, distante. ¿Puedo ayudarte en algo?"

Gustavo le comenta entonces que tiene un problema familiar. En ese momento se da cuenta de que no había registrado que se notaba en su trabajo. En los siguientes tres días recuperó el tiempo perdido.

Hablar es mejor.

3. Los planos conversacionales

3.1 | Tres conversaciones al mismo tiempo

Para tener un diálogo productivo en lugar de una discusión sin sentido, tenemos que saber que la acción verdadera está bajo la superficie. En una discusión los temas superficiales representan la punta del iceberg: es lo que decimos. Lo verdadero está bajo la superficie y se relaciona con lo que pensamos y sentimos más que con lo que decimos.

Más allá del contexto o de la relación, toda conversación difícil tiene tres conversaciones que ocurren simultáneamente:

a. **La conversación de los hechos** (sobre qué pasó): se enfoca en lo que ha ocurrido y sobre qué debería ocurrir en el futuro. El conflicto en esta situación surge de interpretaciones diferentes del pasado.

b. **La conversación de los sentimientos**: tiene que ver con todos los sentimientos involucrados en el tema (que en general no se dicen).

c. **La conversación de auto–identidad**: representa el nivel más profundo de la conversación y formula una pregunta frecuentemente difícil: ¿Qué dice esta situación sobre mí como persona?

Una conversación difícil suele decir más acerca de la persona que de la propia conversación.

3.2 | Los temas en las tres conversaciones

a. Conversaciones de los hechos

¿Qué pasó? ¿Quién dijo o hizo qué?
¿Quién es el responsable?
¿Discutimos en base a nuestras percepciones y pensamientos o sobre hechos concretos?
Tenemos una idea de lo que ocurre y de lo que el otro piensa. Emitimos juicios al respecto,
y a partir de ese juicio generamos la conversación convencidos de que tenemos la razón.

b. Conversaciones de los sentimientos

¿Cómo gestionamos nuestras emociones y sentimientos?
¿Percibimos correctamente las emociones y sentimientos de los otros?
¿Cómo manejamos las emociones y sentimientos de los otros? Tenemos que elegir si es adecuado ocultarlos o mostrarlos y si esos sentimientos son válidos.
Tenemos que desarrollar habilidades para comprender y gestionar lo que sienten los demás.

c. Conversaciones de la identidad

¿Cómo afecta nuestra autoestima y nuestra imagen?
¿Hay algo en riesgo realmente?
¿Qué tememos perder?
La identidad es lo que ponemos en juego en cuanto a quiénes somos en relación a los demás.
La identidad tiende a tratarse en términos de blanco o negro, competentes o incompetentes, buenos o malos.

3.3 | Poniendo el problema en los otros.

Cuando discutimos solemos pensar que el problema son los otros. Si ellos pudieran ver los hechos con la claridad con que los vemos nosotros se darían cuenta de su error.

Por ejemplo, en estos casos…

"Es el mejor momento para ahorrar en este presupuesto" "No es adecuado presentar el proyecto en este momento" "Es indispensable cambiar la fecha de entrega"

"No es el momento para hablar con el equipo sobre este tema tan sensible"

Pero ocurre que los demás no tienen esa "**claridad**" y lo ven desde otro punto de vista.

Como el problema son los otros, en cierto sentido nos sentimos superiores a ellos (nosotros tenemos claridad y ellos no). Del mismo modo, los otros piensan lo mismo (ellos tienen claridad y nosotros no). Por ende, que el problema es mutuo.

"Los problemas no están en los otros, sino en cómo reaccionamos ante ellos."

4. Diseñando una buena conversación

4.1 | Qué analizar antes de comenzar

Antes de iniciar una conversación, es conveniente analizar el contexto y el interlocutor:

a. El contexto de la conversación

¿Qué quiero obtener con esta conversación?: ¿Es para mejorar una relación? ¿Para hacer un reclamo? ¿Para hablar de una baja performance? ¿Para proponer ideas? ¿Para resolver un conflicto?

¿Cuáles son los hechos y comportamientos? ¿Qué hice o no hice?

¿Qué voy a hacer? ¿Cómo me siento respecto a esta conversación y a la situación? ¿Qué impacto tuvo la situación que necesitamos conversar?

b. La persona con la que voy a conversar: ¿Qué hizo? ¿Cómo creo que siente? ¿Cuál será su interés? ¿Qué la motivará? ¿Cómo se sentirá? ¿Cuándo y dónde podemos conversar? ¿De cuánto tiempo necesitamos disponer? ¿Necesitamos algún recurso en particular?

4.2 | Iniciando la conversación

Una pregunta recurrente cuando trabajamos en aula es la siguiente: "¿Cómo puedo iniciar una conversación difícil con el pie derecho? He aquí los consejos:

> Reflejar los gestos, palabras y tono de voz del interlocutor (sintonizar en el mismo canal)
> Registrar qué sentimientos y emociones le produce.
> Tratar de ser objetivo en cuanto a la escucha y postura del otro.
> Recordar que, aunque crea que el otro está equivocado, si dice o piensa de esa manera es porque ve la situación de otra manera.
> Mantener foco en el objetivo, qué quiere lograr de esta conversación.
> –¿Te puedo hacer una pregunta?

—Ya me la hiciste.

—¿Puedo hacer otra?

—Ya me la estás haciendo.

—¿Te puedo hacer otra aparte de esta?

—No.

4.3 | La invitación a conversar bien…

He aquí algunos ejemplos de cómo iniciar una conversación difícil de una buena manera:

—Me gustaría conversar un tema contigo que, creo, nos ayudará a trabajar mejor…

—Me gustaría compartir unos temas y que me cuentes tu punto de vista…

—Me podrás ayudar con la situación que sucedió esta mañana cuando…

—Necesito de tu colaboración respecto a… ¿Podemos hablar sobre ello?

—Creo que tenemos diferentes percepciones acerca de… Me interesa tu opinión acerca de esta situación…

—Creo que pensamos de manera diferente acerca de... me gustaría que lo conversáramos y ver si podemos sumar acerca de cómo...
—Quiero llegar a un mejor entendimiento acerca de...
—Me gustaría saber cómo te sientes con respecto a... y también compartir lo que me pasa a mí.

4.4 | Consejos para una buena conversación

> Hacer una introducción, generando el **contexto**. Ejemplo: "Ayer a la mañana cuando estábamos en la reunión, dijiste..."
> **Empatizar** desde lo gestual y lo verbal.
> **Acompañar** desde la postura corporal y gestos.
> **Parafrasear** y usar velocidad y volumen de la voz similar al de su interlocutor.
> Comunicar de manera clara y precisa.
> Exponer hechos, emociones e indagar: qué vamos a comunicar y qué vamos a indagar en base al objetivo de la conversación.
> **Explicitar** la situación, la acción y el impacto que generó.
> Qué **resultados** quiero obtener al final de la conversación, qué acciones y compromiso a futuro.
> Terminar la conversación con **lenguaje generativo**.

4.5 | Lenguaje descriptivo y Lenguaje generativo

El lenguaje generativo es el que apunta a plantear opciones y acciones, habla del futuro y busca crear compromiso.

Lenguaje descriptivo	Lenguaje generativo
Describe las situaciones	Genera acciones y nuevas posibilidades
Habla del presente y lo pasado	Habla del futuro. Qué haremos
Afirmaciones – Interpretaciones	Genera compromiso

Si promovemos conversaciones de calidad generaremos confianza.

5. Aprendiendo a enfrentar las conversaciones difíciles

5.1 | Un caso: una jefa que dialoga

Romina y Juan reportan a una misma jefa, Alejandra. No están de acuerdo con el reparto de tareas asignadas.

Romina piensa: *"Como nunca digo no, ni me quejo, Alejandra me da las tareas más complejas. Al final trabajo todo el día y Juan se la pasa mejor que yo."*

Juan, a su vez, piensa: *"Romina quiere acaparar todo y por eso me relegan, Alejandra no es equitativa, Romina se aprovecha de la situación. Dentro de dos meses tendremos la reunión de desempeño y me evaluarán más bajo que a Romina."*

El clima de trabajo se tornó tan tenso que Alejandra percibió que algo no estaba bien y los llamó a su oficina. Luego de cuarenta y cinco minutos salieron aliviados y con una propuesta consensuada para trabajar más productivamente y con el compromiso de conversar entre ellos cada vez que algo les molestara.

¿Qué hizo Alejandra para llevar a buen puerto esta conversación difícil?

5.2 | Enfrentando las conversaciones difíciles

Estas fueron las preguntas que ayudaron a Alejandra para preparar bien y encarar la conversación con sus colaboradores Romina y Juan. Así como permitieron que ella atravesara esa conversación difícil, pueden servirte también en tu preparación.

1. ¿Cuál es el objetivo de iniciar esta conversación? ¿Qué espero lograr?
   ¿Cuál sería el resultado ideal?

2. ¿Estoy suponiendo algo acerca de las intenciones del otro? ¿Tengo datos o es solamente una suposición?

3. ¿Qué actitudes refleja mi interlocutor hacia afuera a través de sus gestos y comportamientos? ¿Es más emocional de lo que la situación amerita? ¿Se me ha disparado alguna historia personal frente a sus emociones? ¿Estoy proyectando en mi interlocutor estados emocionales que son míos?

4. ¿Cuál es la actitud de tu interlocutor durante la conversación? ¿Es consciente del problema? Si es así, ¿Cómo crees que la otra persona lo percibe?

5. ¿Cuáles son sus necesidades y sus temores? ¿Hay alguna preocupación en común con la otra persona? ¿Qué podría suceder?

Si crees que la charla será difícil, probablemente lo será. Si consideras que pase lo que pase, vas a obtener algo bueno, lo lograrás.

5.3 | Practicando la escucha activa

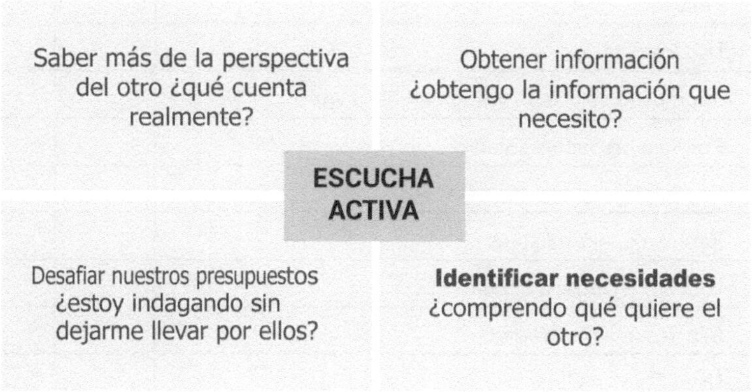

Alejandra, para atravesar el desarrollo de su conversación difícil, utilizó una herramienta poderosa: la escucha activa.

Para escuchar de manera activa necesitamos tener en cuenta que se escucha con todo el cuerpo y se manifiesta de la siguiente manera:

Lenguaje corporal: mirada, actitud corporal, asentir con la cabeza

Intervenciones de acompañamiento: empatizar, espejar, repetir palabras, usar silencios, preguntas específicas, preguntas abiertas

Respuestas: repetir, reencuadrar, usar "y" en vez de "pero", hablar de uno, no del otro

Check list escucha activa	NO	SI
Acompaño con la mirada		
Asiento con la cabeza		
Acompaño con una actitud similar corporal		
Empatizo		

Reflejo pequeños gestos		
Refraseo		
Uso los silencios		
Acompaño velocidad y volumen de la voz		
Formulo preguntas abiertas		
Formulo preguntas cerradas		
Repito algunas palabras		
Uso "Y" en lugar de "pero"		
Uso "es una posibilidad"		
Uso el "yo" en lugar del "tu"		
Espero que el otro termine la frase para repreguntar		
Registro mis diálogos internos		
Percibo mis emociones		
Puedo gestionar mis emociones		
Comprendo el sentir de mi interlocutor		
Hablo sobre hechos concretos		

5.4 | Recapitulando con Karina

Martes 18:30 horas. Karina ya debería haberse ido a su casa. Pero sigue esperando a su jefe para plantearle que no tolera más el ritmo de trabajo. Sin embargo, cuando llega el jefe, no se atreve y, una vez más, se angustia por el tema.

Muchas veces, como a Karina, nos cuesta encontrar el momento y el espacio para conversar sobre temas que incluyen frustraciones, injusticias, malas noticias, enfrentarse con una conducta irrespetuosa u ofensiva, decir No, o hablar de un tema personal.

Aprender a abordar estas situaciones complejas con eficiencia es clave para el éxito de cualquier relación laboral o personal. No hacerlo implica un alto costo, porque los conflictos que se prolongan consumen energía, anulan la creatividad y deterioran las relaciones. Muchas veces decidimos no hablar por temor al conflicto. Sin embargo, un conflicto no resuelto a tiempo se convierte en un conflicto más grande y complejo a largo plazo.

La conversación tiene un poder extraordinario para manejar en forma inteligente las situaciones que atravesamos en la vida.

5.5 | 10 Claves para enfrentar las conversaciones difíciles

1. Fomenta la práctica de conversaciones en los equipos de trabajo.
2. Identifica claramente el objetivo de la conversación ¿Qué quiero concretamente de esta conversación?
3. Diseña y organiza los mensajes clave. Hasta tres mensajes. Cuando hay más de tres mensajes solemos olvidarlos. Cuida el exceso de palabras. Avanza secuencialmente. Utiliza sólo los datos y hechos necesarios.
4. Evita las suposiciones. ¿Conoces las inquietudes y expectativas del otro? Pregunta y escucha de manera activa.
5. Manifiesta tu disposición a modificar tu punto de vista si consideras que lo que dice tu interlocutor es razonable, valioso o está argumentado.
6. Utiliza un tono de conversación adecuado y acorde al interlocutor. Revisa primero tus diálogos internos. ¿Qué te puede afectar?

¿Qué emoción o sentimientos pueden perturbar? Aclara estos temas y luego aborda la conversación. Recuerda que los gestos y tono de voz muestran lo que nos pasa en nuestro interior aunque queramos taparlo.

7. Evita juicios. ¿Tienes datos y hechos suficientes como para emitir un juicio?
8. Muestra interés real en la conversación. Escucha y que el otro se sienta escuchado. Empatiza y contacta visualmente.
9. Mantén la relación con el otro más allá del resultado de la conversación. El otro debe saber que la relación es importante para ti.
10. Elige un lugar neutral, un escenario diferente al habitual. Un café o una caminata. A veces andar juntos impacta positivamente para resolver el tema entre los dos.

Para ser exitoso no tienes que hacer cosas extraordinarias. Haz cosas ordinarias, extraordinariamente bien.

Bibliografía y lecturas complementarias

> "Negociación: Una orientación para enfrentar Conversaciones Difíciles". Douglas Stone, Bruce Patton y Sheila Heen. Harvard. Grupo Editorial Norma. Colombia, 2008.

> Conversaciones difíciles: como dialogar sobre lo que realmente importa. Bruce Patton; Sheila Heen; Doug Stone, Grijalbo, 1999

> Leadership is a Conversación. By Boris Groysberg and Michael Slind– Harvard Business Review June 2012.

> Conversaciones Cruciales. Kerry Patterson, Joseph Grenny, Ron McMillan, Al Switzler. Editorial Empresa Activa.
> "Sobre el diálogo" David Bonn. Editorial Kairós.

> "La estructura de la Magia" Richard Bandler y John Grinder. Editorial cuatro vientos.

Vilma Vaccarini

Es Trainer en Programación Neurolingüística (PNL) y Coach Internacional.

Certificada por el ICC, Psicóloga Social.

Se ha especializado en negociación, mediación, trabajo en equipo, herramientas de comunicación, formación para facilitadores y servicios de atención al cliente.

Es consultora Senior, tutora y Líder de Proyecto en programas de Desarrollo de Líderes en Whalecom.

Dirige el instituto TMP.

Es profesora de "Comunicaciones Efectivas", "Coaching" y "Gestión del cambio" en la Escuela de Negocios de la FCE de la UNLP. Coach en las Charlas TEDx Río de la Plata 2015.

CÓMO DAR UN BUEN FEEDBACK

Gestionando el desempeño y el desarrollo

Adriana Carel

¿Por qué este tema?

El modelo de la dirección y control, que ha sido aquel mediante el cual se han gestionado las empresas en los últimos años, con su modelo de jefe verticalista, está siendo reemplazado por el modelo de la colaboración, en el que la mirada del otro aporta valor. El otro observador, cercano y colaborativo. Un nuevo modelo, no solamente de jefe, sino de relación con los otros, colaboradores, pares, clientes. Antes "No News, Good News". Ahora la necesidad del feedback subyace a todos los desafíos de gestión, de desarrollo de liderazgo y de cambio organizacional.

Los líderes de hoy no pueden ser como los de antes: deben gestionar la comunicación y el feedback efectivo dentro de sus equipos, manejando el flujo de información hacia, desde y entre sus colaboradores, en un proceso conversacional continuo con foco en el desempeño y en el desarrollo.

El feedback, como herramienta central de dos procesos centrales: el desempeño y el desarrollo.

¿Para qué el feedback?

El feedback es una herramienta de gestión, de desarrollo y de información esencial para todos los líderes, en una pequeña empresa o una gran corporación. Permite:

- Mayor autoconocimiento y capacidad de autocrítica
- Identificar puntos fuertes
- Señalar áreas/aspectos para mejorar el desempeño
- Descubrir y mostrar oportunidades de desarrollo
- Motivar y reconocer
- Gestionar y manejar adecuadamente situaciones conflictivas
- Mejorar las relaciones interpersonales
- Comunicar y ajustar expectativas
- Comunicar estándares de logro y/o establecer objetivos

¿Para qué el feedback? Para crecer y mejorar el desempeño creando una cultura de desarrollo y aprendizaje continuo.

Las tres facetas del feedback

1. Herramienta de Gestión	Permite mejorar el diálogo con los colaboradores y articular de mejor manera la actividad de cada uno con los objetivos del área y empresa
2. Herramienta de Desarrollo	Dinamiza el desarrollo profesional de cada individuo: sus competencias, sus intereses y motivaciones
3. Fuente de Información	Para tomar decisiones: competencias a desarrollar, rotaciones, promociones, reconocimientos

1. ¿Qué es el feedback?

1.1 | Retroalimentación

Feedback significa retroalimentación. Cuando usamos la palabra en inglés en contextos organizacionales, estamos aludiendo a actos de comunicación de ida y vuelta entre personas.

Retro →	Mirar para atrás para ir hacia adelante
Alimentación →	Debe ser nutritivo, efectivo

El **feedback/retroalimentación** es un acto de **comunicación**, ida y vuelta, por medio del cual se comparte información sobre comportamientos/actitudes/conocimientos y habilidades observadas en el trabajo.

Puede ser Formal o Informal.

Una conversación con foco en qué hay que mejorar o cambiar, por qué es importante hacerlo y cómo.

1.2 | Los impactos positivos del feedback frecuente

Un feedback frecuente, formal o informal permite:

1. Comprender si se está generando un patrón de conductas que provocan el desempeño deseado o indeseado.

2. Nutrir y dar coherencia y consistencia a la evaluación al final del período.
3. Hacer correcciones sobre la marcha
4. Dar reconocimiento en el momento oportuno
5. Mantener alta la motivación

El feedback es una variable de apalancamiento del cambio organizacional y personal. El feedback guía el desarrollo.

1.3 | Ocho claves del buen feedback

1. Continuo, durante todo el año, y no limitarse a las reuniones formales de revisión del desempeño.
2. Clarifica y refuerza la mutua comprensión de los objetivos y las competencias necesarias.
3. Motiva a los empleados para optimizar su desempeño (no desmotiva).
4. Da retroalimentación participativa, haciendo que el empleado se sienta involucrado y por lo tanto comprometido con el proceso.
5. Foco tanto en los "qué" (resultados) como en los "cómo" (competencias), para detectar el verdadero problema y la forma de mejorarlo.
6. Se realiza cuando es necesario y oportuno.
7. Promueve la sinceridad, ayudando a otros a resolver problemas, a aprender, a desarrollar competencias y a mejorar habilidades. Ayuda a identificar las formas de resolver problemas, no los resuelvas tú.
8. Promueve el "Empowerment" (=empoderamiento: es la cualidad de tener expectativas positivas acerca de las personas).

Caso: Ángela quiere feedback

"Hoy era el día fijado para la entrevista de feedback." Pensaba Ángela... "Parece que va a ser hoy... Voy a repensar lo que había preparado para la reunión establecida hace 15 días..." Sacó sus apuntes con un poco de desgano. Se había preparado concienzudamente para la reunión fijada el 11 de octubre, pero su jefe había suspendido a último momento con un mail.

> *mail 1*
> *De: Daniel Gatún A: Ángela Pino*
>
> *Ángela, creo que teníamos fijada una reunión para hoy, pero no va a poder ser, porque tengo que irme a una reunión con un cliente importante. Ya veremos cuándo nos juntamos.*
> *Daniel*

Durante una semana, no pasó nada. Ángela estuvo con Daniel, hablaron de temas de trabajo, pero el tema de la entrevista pareció quedar en el olvido.

Ángela dudaba: "¿qué hago? ¿se lo recuerdo? ¿y si lo toma a mal?

¿si me juega en contra? ¿si parezco ansiosa? Mejor espero..." Hasta que, el lunes por la mañana, habiendo pasado ya 10 días y sin propuesta por parte de su jefe, y después de un día bastante complicado

—Ángela había tenido algunos problemas con un proceso de compras que afectaba sus resultados– desalentada y disgustada, mandó un mail a Daniel.

mail 2
De: Ángela Pino A: Daniel Gatún

Hola Daniel
Te recuerdo que, para cuando tengas tiempo, nos queda pendiente la reunión de feedback.
Ángela

¿Por qué Daniel evita la reunión con Ángela?

2. Pros y Contras

2.1 | Evitando el feedback

Como pasa con Daniel, en muchas situaciones el feedback no sucede. ¿Qué es lo que lo impide? ¿Qué hace que se evite? ¿Qué genera situaciones de olvido, de postergación reiteradas? Estas son algunas de las causas:

> No saber qué decir

> Incomodidad ante situaciones conflictivas

> Prioridad otras demandas

> Asumir que el empleado sabe cómo se está desempeñando

> Temor a la crítica y a la reacción del otro

Algunas de las actitudes negativas que terminan en la ausencia de feedback: "Me pagan para vender y no para conversar...", "Cada uno sabe lo que hay que hacer", "que se ocupe recursos humanos", "si le digo que tiene mal desempeño, me genero un problema", "hizo bien las cosas, es su deber..."

2.2 | Los Pros para el colaborador y para el jefe

Para el colaborador es una oportunidad para...	Para el jefe/empresa es una oportunidad para...
• Saber qué se espera de él • Conocer cómo evalúan su desempeño • Clarificar criterios o pautas de resolución de situaciones • Hablar de su trabajo y de las relaciones • Examinar problemas y obstáculos • Preguntar, sugerir y pedir definiciones • Solicitar precisiones sobre sus objetivos y responsabilidades • Expresar inquietudes, expectativas y proyectos personales • Acordar expectativas de crecimiento, y planes de acción para alcanzarlas	• Alinear a sus colaboradores • Definir comportamientos esperados • Clarificar prioridades y niveles de autonomía • Definir planes de acción • Informar al colaborador sobre sus aspectos destacados y a mejorar • Dar reconocimiento • Hablar de la efectividad (en términos de brechas) • Transmitir expectativas y metas • Ayudar al colaborador a ver oportunidades • Crear cultura

3. Feedback efectivo

"El feedback es una herramienta para cultivar el cambio y el crecimiento, ¡no un garrote emocional!"

Daniel Goleman. *Inteligencia Emocional.*

3.1 | El secreto del feedback efectivo

La llave para un feedback efectivo es **crear y entregar un mensaje específico basado en las observaciones de desempeño.** El feedback debe permitir a quien lo recibe **entender** exactamente **qué hizo y qué impacto tuvo**.

¿Cómo hacer para dar feedback efectivo?

> Aplicando el **Modelo S.C.I.** (Situación – Comportamiento – Impacto)*, que tiene como objetivo focalizar en un mensaje directo y objetivo sobre el comportamiento de la persona y no sobre su personalidad. De esta manera quien recibe el feedback puede distinguir **QUÉ** acción reforzar o cambiar de su comportamiento, sabiendo qué es inefectivo y obstaculiza el desempeño.

> Evitando los **errores comunes** que se cometen en las situaciones de feedback.

Afortunadamente, ambas cosas se aprenden. ¡Vamos por ellas!

3.2 | El Modelo S.C.I. (Situación-Comportamiento-Impacto)

S	**SITUACIÓN** Aclarar la situación específica en la que el comportamiento ocurre.	*"Ayer a la mañana, en la sala de reuniones con el cliente"*
C	**COMPORTAMIENTO** Identificar y describir el comportamiento específico de la persona en esa situación (hablar de conductas y no emitir juicios sobre las personas). El foco debe ponerse en la acción.	*"Habló al mismo tiempo que el cliente estaba hablando, interrumpió en 5 oportunidades, contestó mails y miró el teléfono mientras explicaban el nuevo proyecto"*
I	**IMPACTO** Re-transmitir el impacto que el comportamiento de la otra persona tuvo en usted y /o en los otros.	*"El cliente solicitó un cambio de líder de proyecto. Esto tiene un alto impacto para todo el equipo y para la empresa, ya que tu rol en este proyecto era clave por los conocimientos técnicos"*

El Modelo SCI posibilita dar feedback de manera precisa, clara y cercana al momento en que sucede la situación a corregir.

3.3 | La clave: describir comportamientos específicos

Decir a un jefe, a un compañero o a un colaborador que él ...

"es un buen líder, que comunica bien, que necesita desarrollar pensamiento más estratégico..." son declaraciones que sólo evalúan o interpretan. No describen comportamientos específicos.

Ejercitándote: para dar un feedback efectivo, piensa en esas declaraciones y pregúntate:

¿Qué hace la persona para que pienses que él es un buen líder?

¿Qué dice y cómo para que pienses que es bueno comunicando?

¿Qué hace para llegues a la conclusión de que sus pensamientos no son lo suficientemente estratégicos?

El feedback debe ser específico, oportuno, basarse en comportamientos y hechos concretos.

3.4 | Ejercitándote para identificar comportamientos

De las siguientes expresiones, tilda aquella que describe comportamientos:

- Alta autoestima
- Muy agresivo
- Necesita ser menos táctico y más estratégico
- Arrogante
- Analítico y extremadamente lógico
- Buen jugador de equipo
- Extremadamente productivo
- Poco asertivo

Si no tildaste ninguna, estás en lo correcto. Ninguna describe comportamientos.

Los **comportamientos** son acciones que las personas hicieron. En contraste, la lista de arriba incluye *adjetivos* que describen a la persona, y no a las acciones de las personas. Cuando nos referimos a comportamientos, hablamos de describir conductas de esta manera:

> Raúl se acercó a sus compañeros y ofreció ayuda para terminar la presentación.
> Mario agradeció y destacó el trabajo de su equipo por la colaboración en el proyecto Z.

3.5 | Las habilidades de un buen feedbacker

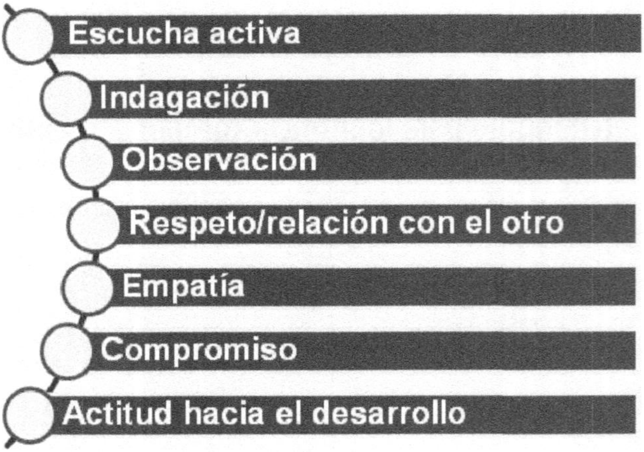

El buen *feedbacker* es la persona que sabe abrir la mente para escuchar, superar el temor a la crítica, reconocer e identificar las emociones, aprender de los errores y solicitar feedback continuo.

La clave: ¡pedir y dar, no evitar!

Caso: Ángela tiene su reunión de feedback

> *mail 3*
> *De: Daniel Gatún A: Ángela Pino*
>
> *Ángela, me disculpo pero me olvidé totalmente de la reunión de feedback. Aprovechemos que hoy nos vemos para acordar la estrategia del Proyecto X. Estaré por ahí por la tarde.*
> *Daniel*

Eran las 3 y Daniel no llegaba. El reloj marcó las 4, las 5... Finalmente llega Daniel y le dice a Ángela que había convocado a la reunión por el Proyecto a la gente de compras. Se encuentran todos en la sala de Gerencia, una sala vidriada al costado de los puestos de trabajo de los analistas. Termina la reunión a las 18 hs.

Ángela no sabe qué hacer. Ve que Daniel prepara sus papeles como finalizando todos los temas. Están solos ahora en la sala. Le recuerda que queda pendiente la entrevista de feedback.

Daniel mira el reloj, vuelve a adoptar una actitud de "sigue la reunión"... Dice: *"Dale, aprovechemos, tengo unos 15 minutos." "Ah, qué lástima, me olvidé el formulario y las notas... bueno, igual me acuerdo. Es que siempre estoy tapado de trabajo y hay que priorizar..."*

Ángela sabe que su jefe es un profesional muy comprometido con la empresa y sus objetivos y siempre muy ocupado. Piensa Ángela "como Daniel siempre dice, a él le pagan por resolver problemas y planificar y es allí donde debe poner el foco".

Daniel se queda mirando, esperando que Ángela comience. Ella se pregunta "*¿y ahora qué digo?*".

Mira a través del vidrio y ve que la están mirando todos los analistas que están afuera. Se siente incómoda.

Ángela: *"Tengo acá mis apuntes sobre mi autoevaluación... quizás podamos empezar por allí".*

Daniel: *"Bueno, igual los dos sabemos nuestra opinión. Esto es nomás para cumplir con los procedimientos..."*

Ángela: *"si comenzamos por los resultados, me parece que..."* Ángela empieza con espontaneidad a enumerar los logros del último período.

Daniel piensa: *"esta chica se cree brillante, no estoy de acuerdo con algunos puntos... pero mejor no digo nada o esta reunión se va a volver eterna..."* y escucha sin agregar nada.

Ángela piensa: *"¿Por qué no dice nada? Seguro quiere terminar en 10'..."*

Ángela termina diciendo: *"...creo entonces que he cumplido con creces todos los objetivos y mis resultados superaron las expectativas. Pude también superar los nuevos desafíos que implicó ocuparme de temas nuevos."*

Daniel: *"Bueno, igual sabes que no depende de mí cómo quedas en la curva. Yo propongo solamente... de hecho, quedaste en el medio..."* Ángela piensa: *"¿por qué me habla de la curva? Yo lo que espero es que me diga su opinión y me dé consejos... ¿por qué en el medio, si está de acuerdo con lo que acabo de decir... eso no es un medio...?"*

Entra John, el colega canadiense, que pasa por allí de casualidad y cuando los ve adentro de la pecera, pasa y saluda. Buen tipo, pero interrumpe (piensa Ángela) y lo salva (siente Daniel).

Ángela pregunta a su jefe: *"Quisiera que me comentarás qué aspectos crees que puedo mejorar..."*

Daniel piensa: *"¿qué tiene que mejorar? ¿qué le digo acá? La verdad, no lo pensé..."* y se acuerda de la última situación con el área de compras. Daniel: *"Bueno, Ángela, sabes que para sobrevivir en una empresa como esta, se necesita habilidad política. No siempre hay que decir lo que uno piensa...recuerda lo que pasó con Compras... Creo que eso es lo que tienes que mejorar"*. Mira su reloj (pasaron ¡20 minutos!). *"Se me está haciendo tarde, Ángela, pero, bueno, creo que no hay mucho más por decir... igual vos y yo hablamos todo el tiempo..."*

Ángela se siente decepcionada. Pensaba que iba a poder hablar de su futuro profesional. Casi dos años ya en la misma posición estaban haciendo que se sintiera estancada.

No tenía claro a qué se refería Daniel con habilidad política. Ángela prefería decir las cosas como las pensaba. ¿Estaba mal eso?

Ángela sentía que quizás ser bueno en lo que hacía era una trampa. ¿Iba a poder alguna vez salir de ese puesto?

Ordenó sus papeles, enfiló para su oficina para buscar sus cosas, se subió a su auto y habló con su esposo: "Suspendamos la salida al cine, no sé por qué, me duele la cabeza y estoy muy cansada, cuando llego te cuento, finalmente tuve la reunión de feedback..."

¿Cuán efectivo fue el feedback que recibió Ángela?

¿Qué impacto tuvo sobre su desempeño?

¿Qué oportunidad desaprovechó Daniel?

A continuación, se describen algunas tácticas habituales que desvían al feedback de sus metas genuinas y deterioran su efectividad. Identifica si algunas de ellas aparecen en este caso.

4. El feedback que falla

4.1 | Tácticas desviadoras del feedbacker

Son comportamientos, mecanismos de defensa que afectan la efectividad del feedback. Los mismos desvían del objetivo de la retroalimentación.

"Es mi deber"

El *feedbacker* da el feedback sin ningún tipo de compromiso. El colaborador completa el formulario y se adhiere a los procedimientos de la empresa en cuanto al reporte de desempeño. Sin embargo, el *feedbacker* puede descuidar el compartir sus observaciones personales, o comprometerse en tratar de resolver algunos de los problemas de desempeño. Como consecuencia, los temas reales e importantes del desempeño se tratan superficialmente.

Este comportamiento es habitual en las empresas en las que la Entrevista de feedback es parte de una normativa, pero no existe una verdadera cultura de Gestión de Performance. Por lo tanto, los jefes funcionan como funcionarios en un marco burocrático. Los formularios son vistos como una carga que impone recursos humanos y hay descreimiento sobre la utilidad.

El comerciante de basura

Esta táctica comprende la inexistencia de comentarios que aporten valor y la eliminación de cualquier tipo de crítica constructiva. Toda la información importante es revestida de calificativos sin contenido o hechos irrelevantes. El *feedbacker* puede exclamar "Usted no tiene por qué estar de acuerdo conmigo", o "Puede que usted quiera tener una segunda opinión con respecto a esto". Como consecuencia, el subordinado se enfrenta a una gran dificultad al intentar recibir un mensaje o saber qué hacer con éste. El remitente evita ser directo y claro con respecto a su crítica.

Este es un mecanismo defensivo típico, y que parte del deseo de evitar situaciones de conflicto. Por lo tanto, este jefe no dice nada que aporte, o manifiesta su total acuerdo con lo que dice el colaborador. A veces, es un feedbacker poco preparado para la reunión, o poco profundo. Palabras que usa siempre: importante, fundamental, habría que hacer algo con... Pero no va al grano, no explica bien qué quiere y esencialmente no hace ninguna crítica para no tener conflicto.

El salvavidas

El *feedbacker* **subestima la seriedad de su crítica**. Después de haber dado un feedback negativo, el jefe puede sentir **remordimientos** en cuanto a asfixiar al evaluado con malas noticias. Entonces, puede que él quiera tirar un "salvavidas" al colaborador. Este salvavidas puede aparecer en la forma de un comentario como "Bueno, yo no me preocuparía por esto", "No es tan importante como parece", o "Dentro de todo, usted realiza un buen trabajo".

Estos comentarios menosprecian la importancia de la crítica y la necesidad de corregir el comportamiento del empleado.

Aquí el feedbacker logra expresar una crítica, pero luego trata de minimizarla, por temor que: 1) el colaborador se sienta ofendido o atacado personalmente 2) no sabe cómo hacer para ayudar-

lo 3) teme que el colaborador quiera profundizar en temas como ¿qué significa esto para mi desarrollo?

El perseguidor

El *feedbacker* **no encara los temas de desempeño**. Hace preguntas **tendenciosas** y desconcertantes, como "¿Sabía usted que esto podría pasar? ¿Cómo no se le ocurrió pensar en las conse cuencias? ¿Sabía que esto era importante para el área... ¿Qué cree Ud. que piensan de esto sus compañeros?" Como consecuencia, **la confianza entre las dos partes se comienza a desgastar y el destinatario del feedback puede ponerse muy a la defensiva.** *Es muy difícil que exista con este perfil de feedbacker una conversación útil.*

Este estilo de feedback responde generalmente a personas con liderazgo autocrático, que usan el temor y la intimidación como técnica, a veces de escuelas de management antiguas o formados en culturas muy verticalistas. No hablan de desempeño porque no saben. Se ocupan de pasar culpas a sus colaboradores, enfocan en las situaciones que los han puesto a ellos mismos en un problema.

El Swami

La táctica bien puede ser denominada el "juego de leer la mente". El *feedbacker* entrega **mensajes indirectos** acerca del feedback, esperando que el receptor comprenda lo que él está pensando. El remitente está pensando "Debería saber que esto es un problema sin la necesidad de que yo se lo diga", o "Debe estar ciego si no se da cuenta que está yendo por un rumbo equivocado". Como consecuencia, el subordinado puede nunca enterarse del verdadero mensaje.

El remitente puede usar su enojo con respecto al problema como razón para no dar un feedback directo.

Este es el feedbacker que da todo por supuesto. Es el que dice generalmente: "yo no necesito entrevista de feedback porque todos saben lo que pienso". Siente que cualquier cosa para decir es superflua. A veces ocurre esto porque, en realidad, no sabe manifestar su enojo, preocupación, y lo oculta.

Se diferencia del Comerciante de Basura, porque omite.

¿Qué tácticas utilizó Daniel en su reunión de feedback con Ángela?

4.2 | Tácticas desviadoras del colaborador

Son comportamientos, mecanismos de defensa de quien recibe feedback que apuntan a evitar, desviar el objetivo por temor a la crítica, sentimiento de frustración y desconfianza.

Animal Herido

El propósito es hacer que el *feedbacker* se sienta tan **culpable** que evite hacer cualquier tipo de crítica constructiva en el futuro. El receptor deliberadamente **interpreta el feedback en forma más grave** de lo que el supervisor en realidad pretende. El empleado simula estar profundamente dolido. Puede llegar a hacer caras lastimosas durante semanas enteras.

Cuando los feedbacker saben que el mecanismo defensivo de este colaborador es "hacerse el mártir" tienden a suavizar las críticas constructivas inconscientemente, para no generarse problemas. En caso de que, durante una primera entrevista, el feedbacker note la aparición de este comportamiento, es necesario volver al Momento 1 de la entrevista y al planteo del objetivo de la misma. Recomendamos también resaltar abiertamente la aparición de este comportamiento y que no es positivo para encarar cambios en el futuro.

Cambio de cuadro

Esta es una táctica muy antigua y común. Cuando se presenta una crítica sobre su desempeño, el receptor rápidamente **cambia de tema**. Se obtiene muy poco provecho del feedback dado que los temas se tratan muy poco, y no se sacan conclusiones ni se profundiza en las competencias del receptor.

Recomendaciones simples: volver la pelota a la cancha.

El Contraataque

El despliegue de esta táctica implica salir a la defensiva. A veces toma la forma de un reemplazo de la crítica misma. Al recibir una crítica, el receptor a menudo **acusa** al remitente de no comprender, estar mal informado sobre algunos hechos, e incluso de ser el responsable de algunos de los problemas de desempeño. El receptor reclama que el supervisor seguramente haría lo mismo si estuviera en sus zapatos. La devolución del desempeño se transforma en una **sesión de acusaciones y contraacusaciones.**

El feedbacker tiene que tener claridad sobre este comportamiento del colaborador: es un mecanismo defensivo. Por lo tanto, si el feedbacker se siente atacado, logra el objetivo del colaborador, que es moverlo de su comportamiento. Como dijimos antes: volver la pelota a la cancha.

Sumar aliados

Operando bajo el principio de que existe una seguridad en los números, esta táctica es también altamente defensiva. El objetivo del receptor es intentar poner a la **mayor cantidad de gente posible de su lado**, para no tener que pasar por la incomodidad de un feedback negativo. Una alianza numerosa demuestra entonces que la crítica está equivocada. El receptor entonces evita tener que escuchar y actuar en consecuencia del feedback que se le dio.

Esto puede ocurrir antes o después de la entrevista de feedback, con colaboradores que tienen la capacidad de entender qué va a ocurrir y mucha habilidad política. Obviamente, hay organizaciones que, por su cultura, hace que proliferen estos comportamientos. Es una situación que socava el rol del jefe vs. el peso de los aliados. Nuevamente: recuerde que el objetivo del colaborador es evitar el feedback negativo y que su rol, como feedbacker, es dar el feedback que se debe dar. Por lo tanto, la recomendación es hablar abiertamente de la opinión de los demás y diferenciarla de la propia.

El Masoquista

Esta es probablemente la táctica más utilizada por personas de muy buenos resultados, y que son demasiado **autoexigentes** por naturaleza. El receptor se autoflagela para evitarle el trabajo al supervisor. Ocurre habitualmente cuando el receptor teme lo peor, y no espera a ver lo que el supervisor realmente piensa. Esta táctica puede también utilizarse para manipular al remitente para que dé un feedback positivo. Por ejemplo, un supervisor puede comenzar dando una crítica constructiva a un masoquista, pero terminar comportándose como un "salvavidas". El supervisor puede decir al masoquista "No es tan malo como usted piensa. Miremos el lado bueno."

Es habitual que la gente de muy buenos resultados tome como factor a mejorar algo que es poco importante (debe serlo, ya que no ha afectado los resultados). En esta situación recomendamos diferenciar qué es lo "no es necesario ahora" (o sea el comportamiento que no ha afectado los resultados) de lo que "será necesario en el futuro". Por otro lado, las personas autoexigentes necesitan ser reconocidas mucho más que otras. Por lo tanto, es bueno dedicar tiempo a dar reconocimiento antes de entrar en la crítica constructiva.

Piensa en las situaciones de feedback que has vivido.

¿Alguno de tus colaboradores utilizó alguna de estas técnicas desviadoras?

5. El feedback en el proceso de gestión del desempeño

5.1 | La entrevista formal de Feedback

La entrevista de Feedback es una instancia formal de vital importancia en la gestión del desempeño. Se diferencia de las entrevistas informales y tiene las siguientes características:

> Es una **entrevista entre cada colaborador y su jefe**
o Por iniciativa de la empresa
o Periódica (generalmente anual)
> Es un momento privilegiado de **intercambio y de diálogo**
o Para tratar temas de la actividad y la evolución profesional del colaborador
o Para mejorar la comunicación
> Es una instancia **formal y estructurada**
o Prevista con anticipación, anunciada y preparada.
o Es objeto de un seguimiento

5.2 | Los 4 ejes

La entrevista formal de feedback tiene cuatro objetivos fundamentales que constituyen sus cuatro pilares, marcando también los distintos momentos a transitar en cada situación.

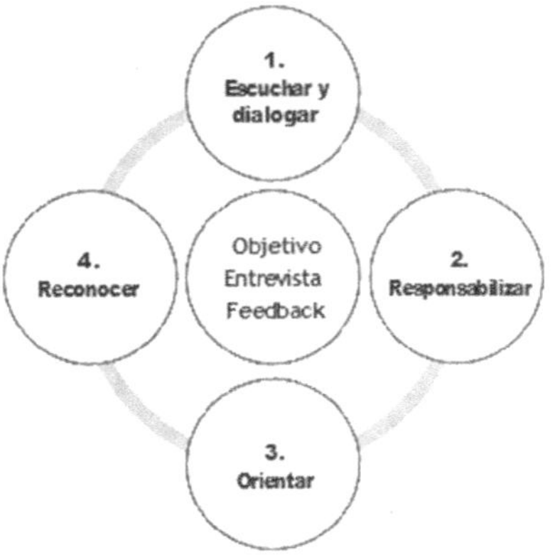

5.3 | Los 4 principios clave

Son cuatro los principios que hay que considerar para que la entrevista de feedback funcione como es debido:

1. No dar sorpresas:

El empleado debe saber de antemano cuál será su evaluación aproximada, ya que durante el año hubo feedback continuo.

2. Preparación cuidadosa:

El supervisor debe completar el formulario antes de la reunión y lograr la aprobación de su jefe directo. Es importante que esté preparado para presentar evidencias que apoyen sus observaciones y conclusiones.

3. Programación adecuada:

Para la entrevista hay que reservar tiempo suficiente para la reunión. Programa la cita con la suficiente antelación.

4. Interacción participativa:

Durante la entrevista deben participar las dos partes. No debe ser un monólogo del supervisor.

5.4 | Factores clave de éxito

¿Qué aspectos son importantes? ¿De qué tienes que acordarte si quieres generar una experiencia positiva? He aquí los tips principales.

> preparar la entrevista
> prever el tiempo suficiente
> comenzar la entrevista aclarando sus objetivos y naturaleza
> mantener el espíritu de la entrevista en todo momento: es una herramienta de desarrollo y una posibilidad de progreso.
> poner el acento en las competencias y no en la personalidad y las opiniones.
> escuchar, no interrumpir
> ayudar al colaborador a hablar de lo que sabe hacer y de lo que quiere hacer
> ser realista respecto de las posibilidades de desarrollo
> evitar el debate de ideas
> centrarse en el futuro más que en el pasado
> subrayar los puntos fuertes antes que los puntos a mejorar

> concluir con un comentario positivo y asegurar la comprensión mutua.

5.5 | ¿Cómo preparo la entrevista?

Prevé los tiempos necesarios

> Para la preparación: media hora
> Duración de la entrevista: de 1 a 2 horas
> Seguimiento de la entrevista: media hora (completar ficha, registrar, etc.)

Conoce/repasa el proceso de gestión de performance de la empresa

> Repasar el proceso, la normativa, las competencias.

Asegúrate que se tienen todos los soportes/herramientas necesarias

> Por ej. modelo de competencias, formularios, grillas, etc.

Confirma las condiciones materiales y logísticas:

> Concertar una entrevista con el colaborador, anunciando duración estimada.
> Prever un lugar "protegido" (que asegure confidencialidad y ausencia de interrupciones)

Reúne la información necesaria para la reunión

1. Repasar la descripción de la función, las responsabilidades, los objetivos planteados
2. Obtener la evaluación del año anterior
3. Relevar los acontecimientos destacados.

Prepararse mentalmente

1. Prepararse para escuchar
2. Prepararse para ser honesto
3. Preparar las palabras que habrá que pronunciar: los "no" firmes, las críticas, las felicitaciones.

6. Los momentos de la entrevista

La entrevista formal de feedback es un encuentro que consta de 5 momentos:

1. **Apertura**
2. **El balance del período anterior**
3. **Organización del período próximo**
4. **El desarrollo profesional**
5. **Cierre**

6.1 | La apertura

La apertura es el momento de lanzamiento de la Entrevista, en el que se definen sus objetivos y se abre el intercambio. Es aconsejable aquí setear las expectativas de ambos interlocutores y transparentarlas.

El jefe/feedbacker:

> Establece una buena relación inicial (conversación con el fin de romper el hielo)

> Se establece lo formal: duración, no interrupciones, no celulares

> Se precisa el objetivo (mejora del desempeño, desarrollo)

> Se anuncia brevemente la estructura de la entrevista (los momentos)

> Se explicita que se está a disposición para cualquier duda

Sugerencias:

> Si el colaborador está muy tenso, esperar para entrar en la entrevista, conversando sobre otros temas.
> Evitar entrar en la entrevista en frío.
> Preguntar si tiene alguna pregunta o duda sobre el proceso.

6.2 | El balance del año anterior

Esta es la primera estación de trabajo durante este encuentro: analizar qué pasó en el período anterior.

1. El colaborador presenta:

> Su propio balance del período anterior hablando de sus responsabilidades y objetivos y la relación con los resultados
> Presenta su opinión sobre sus fortalezas y oportunidades de mejora

2. El jefe:

> Escucha, pregunta, sintetiza
> Completa
> Comparte con el colaborador su propio balance sobre su desempeño

3. El colaborador y el jefe:

> Acuerdan los puntos fuertes y los puntos a mejorar
> Hablan de las acciones que deberán tomar para mejorar dichos puntos y de las competencias que se deberán desarrollar
> Formalizan la evaluación del período anterior

6.3. La organización del próximo período

Se recomienda "crear sentido" partiendo de comentarios sobre la estrategia de la empresa, cambios de contexto, objetivos del área, proyectos a encarar, nuevas demandas de los clientes internos.

Por lo tanto, en este momento, se requiere que sea el jefe el que comienza a hablar.

1. El jefe plantea los objetivos de la empresa, del área y los proyectos que se deberán encarar. La mirada de futuro del jefe es indispensable en este momento.
2. El jefe y el colaborador, juntos:

> Definen los objetivos del próximo período, los indicadores para medirlos y los recursos necesarios para obtenerlos.

> Definen el alcance de las nuevas responsabilidades o proyectos

> Formalizan la forma de acompañamiento del jefe para asegurar el logro de estos objetivos (por ej. transferencia de conocimientos, seguimiento más frecuente en una nueva responsabilidad, etc...)

6.4 | El desarrollo profesional

Se recomienda en esta etapa crear un espacio para conocer los intereses y motivaciones del colaborador, para poder luego alinearlos con las necesidades organizacionales.

En esta etapa es necesario partir de los aspectos de mejora que se acordaron en el Momento 2 (Balance del período anterior) y de las nuevas necesidades que fueron planteadas en el Momento 3 (los nuevos objetivos).

> El colaborador expresa sus deseos de desarrollo y sus motivaciones e intereses
> El jefe da consejos, sugerencias, orienta y propone acciones para el logro
> Juntos elaboran un plan de desarrollo individual para el desarrollo de
las competencias requeridas

El output de esta etapa es el siguiente:

1. **Síntesis de aspectos a mejorar** (no más de 2/3)

2. **Nuevos desafíos** (objetivos, resultados esperados, presión del contexto...)
3. **Acciones de desarrollo** (¿qué requiere el colaborador para ser exitoso en el cumplimiento de objetivos y en el desarrollo de competencias? ¿qué experiencia debe proporcionar el jefe como campo de acción para el desarrollo de las nuevas habilidades?)

6.5 | Cierre

1. El jefe:
> Hace un resumen de la reunión
> Repasa los compromisos adquiridos por ambos
> Deja un espacio para preguntas
> Manifiesta su confianza y optimismo sobre el desarrollo del colaborador.

2. Luego de la entrevista, el jefe:

> Realiza un registro de lo conversado
> Pone en marcha las acciones relacionadas con acompañamiento, formación, etc.
> Concluye los pasos formales del proceso

6.6 | Guía de autoevaluación

Nuestra recomendación es que se los participantes de la reunión se detengan a hacer una evaluación del proceso ni bien ha concluido, a partir de lo cual es posible poner foco en puntos de mejora para la próxima vez.

A continuación, presentamos un guía que recorre los distintos momentos de la entrevista de feedback.

1. No 2. Poco 3. Algo 4. Bastante 5. Mucho/Siempre

	1	2	3	4	5
Preparé la entrevista...					
Reuní información (evaluaciones anteriores, ejemplos concretos, resultados insatisfactorios, etc.)					
Destiné media hora (como mínimo) de preparación por evaluado...					
Preví duración de la entrevista...					
Me preparé mentalmente (escucha+firmeza+autenticidad)					
Escuché, no interrumpí...					

Ayudé al colaborador para que exprese lo que sabe hacer y lo que quiere hacer...					
Hice foco en el comportamiento y desempeño, no en la personalidad...					
Puse foco en el futuro y no en el pasado...					
Subrayé los puntos fuertes...					
Apoyé los puntos débiles en los fuertes...					
Fui específico en lugar de general...					
Fui descriptivo, no evaluativo, utilicé el modelo S.C.I.					
Escogí uno o dos temas en los que la persona pueda concentrarse...					
Evité las interferencias relacionadas con los motivos, intenciones o sensaciones...					
Hablé de la efectividad (en términos de brechas) ...					
Establecí un diálogo, no un monólogo...					
Fui receptivo...					
Tomé nota...					
Solicité y di ejemplos específicos...					
Seguí los momentos de la entrevista...					
1. Apertura					
Establecí "contacto", duración, objetivo, estructura de la entrevista y expresé disponibilidad...					
2. Balance del año					
Pedí al colaborador que comience revisando su progreso en cada objetivo...					

Recalqué los resultados en los que el colaborador se ha desempeñado por encima de los resultados...					
Discutí los resultados en donde el colaborador ha salido por debajo de lo esperado...					
Pedí que hable de las competencias que contribuyeron al alcance de los objetivos...					
Compartí mi percepción al respecto...					
Reforcé las competencias que se necesitan...					
Me aseguré que mi colaborador sienta la necesidad de cambiar y generé en él la necesidad de cambiar...					
El colaborador presentó sus contribuciones a los resultados, los desvíos, su interpretación...					
Hice preguntas abiertas...					
Establecimos puntos fuertes y puntos a mejorar...					
Acordamos acciones...					
3. Organización del próximo período					
Repasé los objetivos del área, los desafíos, los proyectos en curso...					
Definí los objetivos, indicadores de cumplimiento, recursos, criterios...					
Definí el "soporte" requerido...					
4. Desarrollo					
El colaborador expresó sus expectativas, sus motivaciones...					
Sugerí, propuse orientaciones y acciones a encarar...					

Elaboramos un plan de desarrollo poniendo el foco en competencias clave...					
Fui realista con respecto a las posibilidades de desarrollo...					
5. Cierre					
Hice un resumen....					
Dejé registro....					
Expliqué pasos a seguir...					
Cerré con un enfoque positivo...					
Aspectos destacados:					
Aspectos a mejorar – Brechas:					
Plan de acción:					

Aspectos destacados:
Aspectos a mejorar – Brechas:
Plan de acción:

7. Nuestras recomendaciones

7.1 | Unos pocos pero buenos consejos

> Concentra tu atención en la otra persona.
> Escucha, especialmente cuando crees que tienes razón y el otro no.
> Pregunta. Empieza por preguntas abiertas y largas, luego continúa con preguntas más precisas.
> Ten el coraje de decir lo que piensas.
> Deja tiempo al otro para que prepare sus argumentos. No lo apures.
> Alienta la iniciativa: ¿qué piensas de este tema?
> **Reformula y reformula:** para ayudar al otro a precisar, para entender el punto de vista, para asegurar la comprensión, para enriquecer el intercambio.
> **Foco a lo específico y no en lo general**

Ejemplo: En lugar de "Tu presentación fue muy buena, pero dejó afuera información que hubiera dado más fuerza al mensaje..." decir... "En tu presentación fue muy efectivo el diseño, la síntesis, y tu oratoria, por otro lado, hubiera sido bueno que incluyeras más información, por ej. X, W."

> **Focalízate en el comportamiento y no en la persona**

Ejemplo: En lugar de "Eres inflexible", "En x reunión de grupo reiteras varias veces tu punto de vista en lugar de estar más abierto a otras ideas"

> **Motiva al evaluado a realizar su propia autoevaluación**, permitiendo reconocer sus fortalezas y detectar sus debilidades

> **Intenta conocer más acerca de las motivaciones del evaluado** Ejemplo: "¿Qué cosas te gustan en tu trabajo?, ¿Qué tipo de cosas te recompensan, te hacen sentir bien?
> **Evita absolutos** del estilo "Prometo" "Garantizo…" "Estoy seguro"
> **Refuerza la buena performance** y habla en plural Ejemplo:" ¿Cómo podemos hacer para que en el futuro este trabajo salga mejor?" En lugar de "¿Cómo puedes hacer…?"

7.2 | ¿Cómo dar feedback a un colaborador con bajo desempeño?

> Pide primero su auto–evaluación
> Comienza por los hechos y describir los comportamientos (S.C.I)
> Sé específico, claro, breve y directo.
> Indica el impacto en los resultados.
> Indica las consecuencias que provocó tal comportamiento.
> Deja lugar a la explicación por parte del colaborador.
> Conversa sobre cómo remediar la situación.
> Conversa sobre cómo modificar su performance en el futuro.
> Indica claramente qué esperas en el futuro. Ejemplificar
> Asegúrate que se entendió el mensaje.
> Gestiona adecuadamente sus emociones.

7.3 | ¿Cómo enfrentarse a una crítica?

En muchas oportunidades, el colaborador reacciona a una crítica con otra al evaluador, como mecanismo de defensa y tendencia a poner "las culpas afuera".

No te sientas ofendido por esto. Piensa que es un mecanismo de defensa y tómalo como una oportunidad para profundizar una situación determinada y las expectativas de ambos.

Frente a una crítica, proponemos la siguiente línea de acción:

> **Escucha** el argumento sin interrumpir

> (¡Cuenta hasta 20 para no reaccionar!) Evita el contraataque espontáneo.

> **Reformula** el contenido de la crítica para verificar su comprensión. *La Técnica de Reformulación es fuertemente "desactivadora" de críticas. Por ejemplo: "Déjame ver si comprendí bien: quieres decir que no priorizaste bien en esa situación porque yo no me ocupé de explicarte los objetivos?..." Frente a la reformulación, el colaborador se ve obligado a precisar y a "hacerse cargo" de su parte.*

> Si la crítica es vaga, poco empírica, no la rechaces ni discutas. Agradece y pasa a otro tema.

> Si la crítica es justa, reconócela y **propone una solución**.

7.4 | ¿Cómo responder frente a una demanda imposible?

¿Te ha ocurrido que alguna vez uno de tus colaboradores te pidió algo que estaba muy lejos de lo que podía ocurrir? Nuestras recomendaciones en estos casos:

- No desvíes la conversación.
- No hagas promesas que no se van a cumplir.
- Contesta NO cuando es necesario.
- Trata de encontrar la forma de pasar al **plano de lo posible**.

Ej. Frente a un colaborador del área de tecnología que está interesado en hacer un Master de Negocios: "La empresa no tiene una política de pago de Posgrados de Negocios en el área industrial. Sin embargo, alienta siempre la formación. Podríamos ver qué especialización en el área puede agregar valor a tu desarrollo... ¿Por qué no analizas la oferta educativa de...?"

Bonus track

Testimonios de feedback

Caso A: "Excelente la reunión de feedback, me sentí escuchado, no me interrumpió, se había preparado y yo también. Me orientó y tomé conciencia de que tengo que mejorar mi comunicación (eso lo supe siempre). Nunca me habían hablado del impacto que tiene en el grupo y con otras áreas mi manera de comunicar verbalmente y por mail."

Caso B: "Buena a regular... en cuanto que mi jefe me marcó mis puntos débiles con precisión. Habló mucho él y por momentos me interrumpía. No me marco fortalezas y no me orientó en cómo mejorar mis debilidades. Me hubiera gustado que me ayude a pensar cómo mejorar"

Caso C: "La defino como tibia la reunión... si bien hablamos más tiempo de lo habitual (fueron 45 minutos), me resultó algo vaga y poco profunda, mi jefe me dejó hablar y él no hizo aportes. No me pareció que él se comprometiera con mi desarrollo. No considero que haya sido feedback, un ida y vuelta sincero y franco."

Caso D: "Muy buena esta experiencia. Yo no me había preparado. Estaba algo descreído. Este jefe es nuevo y realmente él se había preparado, tenía escrito ejemplos específicos en positivo y negativo. Muy constructiva. Me escuchó e intercambiamos puntos de vista. Me llamó la atención que me hizo empezar a hablar a mí de cómo me vi... ¡eso me sorprendió para bien!

Bibliografía

> Weitzel, Sloan, *Feedback that work*, Center for Creative Leadership, Pfeiffer, 2007.

> Boris Groysberg & Michael Slind, *Leadership is a Conversation,* Harvard Business Review, 2012.
> Douglas Stone & Sheila Heen, *Thanks for the Feedback*, Penguin Group, 2014.
> Molinari, Paula, *Cómo dar Feedback*, Kit de Capacitación Whalecom, Serie de Desarrollo Gerencial, 2005.
> Dale Carnegie Training, Cómo proporcionar feedback sin agraviar a los colaboradores, 2014.
> Harvard Business Press, *Cómo dar Feedback*, Serie Pocket Mentor, 2009.
> Fear, Richard, *The Evaluation Interview*, McGraw Hill, 2002.
> Teal, Thomas, *The Human Side of Management*, Harvard Business Review Nov–Dic 1996.

Adriana Carel

Licenciada en Psicología de la Universidad de Buenos Aires. Coach Internacional, Certificada por ICC. Graduada del Programa Abierto de RRHH en la Universidad Torcuato Di Tella. Fue docente en la Maestría de Gestión del Talento de ESPOL, Universidad de Ecuador. Docente en programa In Company y Directora Académica del Programa de Desarrollo de Inteligencia EMOCIONAL (Universidad Torcuato Di Tella). Fue profesora en el área de Post–grado de la Facultad de Psicología de la U.B.A y de la Marina Mercante en el Programa de Educación a distancia. En WHALECOM se desempeña como Directora de Proyectos de Change & Development. Dirige el equipo de Tutores del Programa de Desarrollo de Líderes (PDL) y Lidera el Programa Emocionalmente.

LIDERANDO EQUIPOS MULTI GENERACIONALES

El desafío de gestionar la diversidad generacional

Juan Pablo Sanguinetti

1. La gestión de la diversidad como ventaja competitiva

1.1 | ¿Por qué gestionar la diversidad?

Hoy es posible afirmar que el **mundo es más diverso.**

Hubo un cambio en la forma en la que nos relacionamos, la tecnología nos ha conectado globalmente y los tiempos se han acelerado de manera exponencial: relaciones, experiencias, conocimientos y formas de hacer se comparten y difunden ("viralizan") mucho más rápido y fácil en un mundo interconectado.

Ante esta realidad tenemos tres alternativas:

a. Negar la diversidad, suponiendo que es una simple moda pasajera. Error: no es una tendencia contingente sino un cambio trascendente. Negarla es tapar el sol con la mano.

b. Quedarnos atónitos y paralizados. Quedaremos como espectadores en un mundo en que los demás obtendrán ventajas.

c. Intentar gestionarla. Esto es, incidir en la marcha de las cosas.

La gestión de la diversidad es el desarrollo activo y consciente de un proceso de aceptación y utilización de ciertas diferencias y similitudes como potencial en una organización, un proceso que crea valor añadido a la empresa, un proceso de gestión comunicativo, estratégicamente basado en valores y orientado hacia el futuro.[6]

---

[6] International Society for Diversity Management – www.idm–diversity.org

1.2 | ¿Para qué gestionar la diversidad?

Una gran cantidad de estudios analizan los efectos de la diversidad en las organizaciones, en sus resultados y en la gente. Aquí resumimos algunos de estos impactos:

a. Las empresas con diversidad tienen **mejores resultados** (Fuente: McKinsey Diversity Database).

b. Las políticas de diversidad tienen un impacto positivo a la hora de potenciar el **cambio cultural y ganar ventaja competitiva** (Fuente: Instituto Europeo para la Gestión de la Diversidad)

c. Buenas políticas de diversidad mejoran la **atracción de talentos.** (Fuente: CSES Survey of Companies)

En fin, así podríamos seguir con los impactos positivos en el clima, en el liderazgo, en el compromiso, en la marca empleadora, en la innovación...

La gestión de la diversidad en el siglo XXI está basada en la creencia de que las organizaciones capaces de aprender a partir de las diferencias son más innovadoras, más productivas y más flexibles a los cambios.

1.3 | La evolución del concepto de diversidad

La diversidad fue abordada de distintas maneras a lo largo de la historia de las organizaciones, pasando por 3 etapas:

I. El Paradigma de la No Discriminación: La igualdad de oportunidades apunta a homogeneizar, eliminando las diferencias, fundamentalmente por un imperativo moral. Incluir al diferente es "éticamente correcto".

II. El Paradigma de la Legitimización: Vivimos en un mundo multicultural, global y las empresas deben reflejar el mix que tiene la sociedad. Debemos trabajar juntos "a pesar" de las diferencias.

III. El Paradigma de la Integración: La estrategia de la empresa considera la diversidad como fuente de cambio e innovación. Trabajar juntos CON nuestras diferencias, y aprender de ellas, implica una ventaja competitiva.

Este no es un cambio menor en la gestión de las personas. Es un cambio gigantesco de modelo mental en los líderes.

1.4 | Diversas diversidades

El concepto de Diversidad incluye distintos aspectos ya que proviene de distintas fuentes:

Haremos un "zoom" en diversidad generacional y el desafío que implica para los líderes y para las organizaciones.

2. La diversidad generacional impactando en las organizaciones

2.1 | La diversidad generacional es inevitable

Las organizaciones se ven atravesadas por todas las fuentes de diversidad que enunciamos antes. Ahora bien, ¿Cuál es la diferencia entre estas diversas diversidades y la Diversidad Generacional?

Consideramos que mientras las políticas y acciones para fomentar la inclusión de personas con diversidad de raza, género, habilidades físicas, etc. son necesarias y positivas por distintas razones, **la diversidad generacional tiene carácter de inevitable y pone el tema en la agenda del management casi por imposición.**

Para el 2025, el 75% de la fuerza de trabajo del mundo será de Gen Y (Millennials).

2.2 | ¿Qué significa pertenecer a una generación?

La noción de generación permite hacer referencia al **conjunto de personas** que, por haber nacido en el mismo período histórico, recibieron **estímulos culturales y sociales similares** y, por lo tanto, desarrollaron **una misma cosmovisión**. Esta forma de entender el mundo se traduce en comportamientos, intereses y valores comunes. *Sin embargo, pensemos en los niños hoy de centros urbanos,* *nativos tecnológicos, con una habilidad sorprendente para el uso de la tecnología, para la interpretación de imágenes... ¿qué tienen en común con niños nacidos en la misma época en comunidades de pastores que viven aislados sin tecnología?*

Pertenecer a una generación no se circunscribe solamente a un rango de edad o fecha de nacimiento, sino que se enfoca en las experiencias, vivencias y ambientes comunes de coetáneos. Como resultado de estas vivencias/experiencias en común los integrantes de una misma generación comparten una cierta cohesión en sus análisis, actitudes y visión del mundo.

2.3 | El mapa generacional

Hoy ya contamos con cinco generaciones en el mundo del trabajo (los rangos de tiempo indican año de nacimiento):

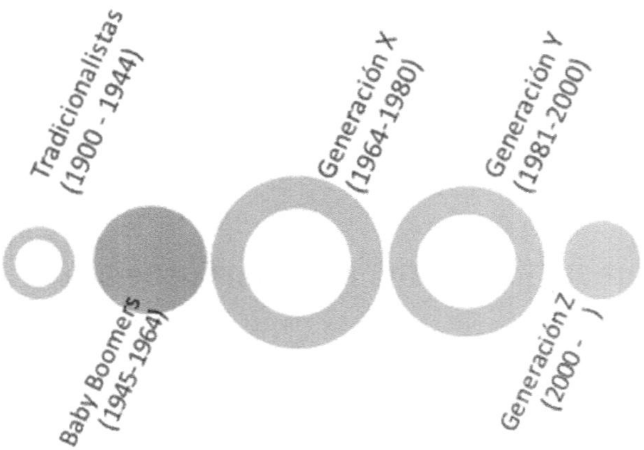

Las 5 generaciones: un esquema diseñado en función de su participación en el mercado laboral por la Organización Internacional del Trabajo (OIT)

Tanto los Tradicionalistas, nacidos antes de 1944 ya retirados de la vida laboral, permanecen solamente en algunos sectores (por ej. empresas de familia). Los Baby Boomers ya están retirándose de las empresas. A pleno, en el mundo del trabajo, las Generaciones X e Y, esta última denominada también Millennials (la Generación del Milenio). En el otro extremo, ya están comenzando a ingresar a las empresas los miembros de la Generación Z, nacidos a partir de 2000, y con algunos autores fijando como inicio de esta generación el 1996. Dedicaremos las páginas siguientes a las generaciones en plena actividad actualmente: Baby Boomers, Gen X y Gen Y.

2.4 | Los Baby Boomers, bailando un twist

¿Quiénes son? Son quienes vieron a Fidel Castro llegar al poder, la muerte de Kennedy, la guerra de Vietnam, la llegada del hombre a la luna, el movimiento hippie y el amor por los Beatles, el rock y los movimientos estudiantiles de los '60... Son los de la televisión, que llega con el formato de las series, con protagonistas invencibles y los superhéroes.

¿Cómo son? Optimistas, idealistas y competitivos. Tienen un alto nivel de lealtad a las compañías en las que se desarrollaron.

¿Por qué son así? La finalización de guerra mundial generó un sentimiento de optimismo generalizado, el hombre había dejado atrás el horror. Su foco estuvo puesto en obtener ese bienestar socio–económico anhelado. El éxito viene de la mano del consumo. Los objetos se convierten en símbolos: los autos, casas, ropas, electrodomésticos son una forma de jalonar este proceso. El marketing surge como herramienta para gestionar el consumo. La identidad está basada en el trabajo.

¿Cómo son en el trabajo? El éxito está correlacionado con subir en la pirámide organizacional y los símbolos de status relacionados. El trabajo es la fuente de ingresos para financiar esas adquisiciones y de status; cuanto más alto se llega en la jerarquía, más exitoso. Así es como se anhelan símbolos de ese status: oficinas amplias, luminosas y bien ubicadas; contar con una secretaria; con el auto de la empresa o ciertos privilegios expresan estos comportamientos. El trabajo es lo más importante de la vida.

¿Cómo están? Muchos de ellos ocupan niveles directivos en las organizaciones y se están retirando paulatinamente. Algunos, replanteándose qué quieren de la vida y volviendo a valores de la juventud, momento que denominamos "segundo tiempo". Con el prolongarse de la expectativa de vida son conscientes de que aún tienen por delante décadas de poder trabajar quizás en un formato diferente, más ligado al bienestar. En sus últimos años de carrera profesional apuntan a encontrar un cierre de esta etapa que les permita cosechar el reconocimiento laboral de su trayectoria.

¿Eres un auténtico Baby Boomer?

¿Recuerdas exactamente dónde estabas cuando viste por la televisión o escuchaste por radio la llegada del hombre a la Luna?

¿Viste por televisión cómo asesinaron al presidente Kennedy?

Si has respondido afirmativamente, eres un auténtico Baby Boomer.

Consejos para trabajar con Baby Boomers

> Valora su experiencia y dedicación.
> Busca su ayuda y consejo en lo que se refiere a manejo político. Los Boomers suelen ser excelentes mentores.

> No utilices sólo la comunicación electrónica. Opta por el contacto personal y las reuniones.
> Los Boomers suelen ser buenos compañeros para "intercambiar ideas", por su experiencia y conocimiento de la historia.
> Pon foco en las relaciones tanto como en los resultados.
Dedica tiempo a las conversaciones informales.
(*Fuente:* Molinari, Paula, Turbulencia Generacional, Ed. Temas, 2012)

2.5 | Generación X, con el eje en la familia

¿Quiénes son? Son quienes vivieron la guerra fría, la carrera armamentista, la aparición del SIDA, la sucesión de guerras (Vietnam, Corea, Indochina), la explosión del Challenger, la droga, la inseguridad y particularmente en Latinoamérica la sucesión de golpes de estado militares y de movimientos insurgentes armados. Un mundo más inseguro que hace que se replieguen en sí mismos y tengan como eje de su vida la familia.

¿Cómo son? Escépticos y auto centrados. Buscan tener un balance entre su vida personal y laboral. Independientes, autónomos y confiados en sí mismos, consideran que la apuesta más segura es en su propia subsistencia y desarrollo y no dejar todo en manos de una organización. La calidad de vida se vuelve un tema central. Definen su proyecto y toman decisiones para obtenerlo.

¿Por qué son así? Son una generación que creció en un mundo altamente cambiante que no ratificó la promesa de un futuro venturoso y en el que se rompió la relación de confianza con las instituciones (la familia, el matrimonio, el Estado, la educación como palanca de éxito, la relación con las empresas) por lo que son más individualistas que la generación anterior y terriblemente escépticos.

¿Cómo son en el trabajo? Valoran la libertan, la autonomía y odian la burocracia.

¿Cómo están? Complicados, se encuentran a mitad de camino. Tienen por delante tanto tiempo como el ya transcurrido. Trabajan mucho, dedican tiempo a su familia, estudian para actualizarse. Muy demandados, presionados y con la sensación de que el esfuerzo no da los frutos esperados; algunos con cierta frustración. No han podido generar el ahorro que esperaban y creían merecer ni disfrutar con tranquilidad. Son una generación de transición, presionada por un modelo Baby Boomer aún vigente en las organizaciones y por Millennials que buscan trabajar de otra forma. Son una generación "sándwich".

¿Eres un auténtico representante de la Gen X?

¿No te pierdes por nada del mundo un acto en la escuela de tu hijo y estás siempre presente el primer día de clase?

¿Lo que más quieres en el trabajo: libertad!?

¿Crees que tener una buena red de contactos es fundamental?

Si has contestado afirmativamente, eres un auténtico representante de la Gen X.

Consejos para trabajar con miembros de la Generación X:

> Valora su talento y experiencia. Que sepan que tú puedes aprender de ellos

> Cuando hables con ellos, hazlo rápido al punto

> Evita las reuniones y comunícate con ellos a través de la tecnología

> No malgastes su tiempo. Minimiza las interrupciones, las frivolidades y elimina las actividades mal organizadas

> Bríndales la mayor autonomía posible

> Comprende su necesidad de balance laboral–familiar

> Alienta un contexto de trabajo abierto e informal. Usa la lógica y el análisis en lugar del poder y la autoridad

Fuente: Molinari, Paula, Turbulencia Generacional, Ed. Temas, 2012

2.6 | La Generación Y (los Millennials) y el mundo de los amigos

¿Quiénes son? Nativos digitales. Hijos de los Baby Boomers, la mayoría tuvo acceso a una computadora y a un teléfono celular a temprana edad y vivió una democratización del acceso a la tecnología. Crecieron en un mundo violento, con ataques terroristas por doquier (Torres Gemelas, Embajada de Israel & AMIA), conflictos bélicos (Irak–Afganistán) y desastres naturales transmitidos online. Sus modelos y referentes son controversiales e imperfectos: Mark Zuckerberg, Taylor Swift, Miley Cyrus, Leonardo DiCaprio. No se los idolatra, sino que se adhiere a alguna de sus causas.

¿Cómo son? Activos, demandantes e inquietos; esencialmente Prácticos y Hedonistas. Buscan disfrutar de todas sus actividades, del trabajo inclusive, y encuentran motivación en la diversidad. El compromiso y responsabilidad están altamente relacionados con el sentido de utilidad y visibilidad que encuentran en las tareas que desarrollan. Disfrutan de la colaboración y el intercambio y se mueven siempre en grupos. Dedican tiempo a los distintos grupos, que constituyen una importante red de contención en un mundo tan incierto.

¿Cómo son en el trabajo? Empezaron a tomar decisiones cuando otras generaciones a la misma edad simplemente obedecían, y esto genera que busquen participar y ser escuchados. Poco dispuestos y tolerantes con las estructuras jerárquicas y los tiempos burocráticos tradicionales valoran las relaciones humanas, la velocidad y el disfrute por sobre la rigidez y los modelos clásicos de trabajo. Muy cómodos con la diversidad, prefieren trabajar en grupo y tienen mucha facilidad para el trabajo virtual.

¿Cómo están? Se encuentran en pleno desarrollo profesional, cuestionando la forma de funcionamiento de las empresas. Es por ello que prefieren crear sus propios modelos: de negocio, de empresa, de relacionamiento. Les cuesta encontrar un lugar que los motive en el mundo laboral diseñado por la generación Baby Boomer. Son optimistas y por eso muchas veces apuestan a emprendimientos propios o a la vida como profesional autónomo. Buscan y valoran el placer de hacer las cosas, la hiperconectividad, la velocidad, la tecnología de última generación.

2.7 | Las 10 características de los Y y los conflictos

Fuente: Paula Molinari, Turbulencia Generacional, Ed. Temas, 2012

1	**Impacientes**	Como crecieron en un mundo al instante, aman la velocidad y detestan las demoras. Pueden procesar muchas piezas de información en simultáneo, mientras las generaciones anteriores lo hacen en forma secuencial. La inmediatez es una de sus características medulares.
2	**Flexibles**	Criada en un mundo turbulento, la Generación Y está acostumbrada al cambio. De hecho, le cuesta adaptarse a los contextos estables. Las generaciones anteriores temían el cambio. ¡Estos jóvenes temen el no cambio! Procesan lo nuevo rápidamente y se adaptan a todas las circunstancias.
3	**Innovadores**	La Generación Y piensa con la tecnología incorporada, valorando lo nuevo y mirando hacia el futuro. Los conflictos ocurren porque, con frecuencia, las generaciones anteriores perciben esta mirada hacia adelante como una desvalorización del pasado.
4	**Eficientes**	La Generación Y intenta obtener los mejores resultados con mínimo esfuerzo, recursos y tiempo, apalancándose sobre la tecnología para hacer las cosas más rápido. La eficiencia está ligada esencialmente al factor tiempo. Para las generaciones anteriores, sin embargo, la obsesión por ahorrar tiempo puede parecer una falta de rigor o calidad en el trabajo.
5	**Relaciones personales**	La Generación Y valora más las relaciones que las organizaciones. Invierten en mantenerlas y desarrollarlas. Valoran el afecto, el cuidar de otros, la amistad y la relación personal con el jefe. En jefes de generaciones anteriores, acostumbrados a un trato profesional y distante, esta característica puede generar incomodidad.

6	**Escépticos**	La Generación Y es desconfiada como la X. No cree en las promesas. Quiere hechos. Pragmáticos a ultranza, sólo creen en lo que ven. Por eso, rara vez perdonarán a un jefe que falte a su palabra. La honestidad es un valor crítico. Con ellos, es necesario comunicar toda la verdad todo el tiempo.
7	**Resilientes**	La Generación Y sabe cómo enfrentar el dolor y la crisis. Sus integrantes pueden vivir en el caos y la amenaza, y se recuperan rápido cuando las cosas no salen como esperaban. Los riesgos no los asustan, y no están enfocados en la seguridad laboral. Si hay que darles una mala noticia, mejor hacerlo rápido y con contundencia.
8	**Espontáneos**	Los miembros de Generación Y dicen lo que piensan sin ningún tipo de filtro. Expresan lo que les molesta, comparten sus ideas y desean ser escuchados. Su espontaneidad y frescura se manifiesta en el tipo de lenguaje, en su postura y en sus gestos. Esto suele generar un choque cultural con las generaciones más viejas, que valoran la diplomacia y la *habilidad política*. Por eso, para muchos jefes BabyBoomers, los jóvenes carecen de *"sentido de ubicación"*.
9	**Tolerantes**	La Generación Y no tolera la intolerancia. Tiene mentalidad muy abierta, y puede trabajar con gran facilidad en equipos multiculturales.
10	**Justicieros**	La justicia y el respeto son valores fundamentales. Pero no es justicia para sí mismos, sino para todos. No toleran las inequidades ni los favoritismos.

2.8 | Mapeando tu grupo de trabajo

¿Alguna vez has hecho un análisis de qué puede aportar cada persona no solo en lo que respecta a conocimientos/capacidades técnicas sino también a las diferentes visiones desde su pertenencia generacional?

Te proponemos que detalles el nombre de cada miembro de tu equipo en la columna que corresponda (incluyéndote).

Tradicionalistas	Baby Boomers	Gen X	Gen Y
Total:	Total:	Total:	Total:
%:	%:	%:	%:

Ahora que tienes el mapa generacional de tu equipo de trabajo, analiza cuáles son los impactos positivos y negativos de este "perfil generacional grupal" y cómo impacta en el funcionamiento del equipo.

Ventajas	Desventajas

¿Cómo puedes trabajar sobre esta diversidad generacional?

2.9 | ¿Qué tan bien manejas la diversidad?

Como ya planteamos en las páginas anteriores, gestionar la diversidad es algo que todo líder debe hacer bien en esta nueva época. Veamos qué tan bien la manejas: tilda cuando la respuesta es afirmativa, ya que eso es lo que haces siempre.

¿Compruebas tus suposiciones antes de actuar sobre ellas?	
¿Haces un esfuerzo por comprender al otro antes que por imponer tus ideas?	
¿Consideras que eres capaz de brindar de manera constructiva un feedback negativo a alguien que es culturalmente diferente a ti?	
Cuando se incorpora un nuevo empleado ¿Le explicas las responsabilidades del trabajo, pero también orientas a la persona en la cultura y las reglas no escritas?	
¿Evalúas cómo se pueden implementar las sugerencias del personal y reconoces su contribución?	
¿La mayoría de las veces trabajas con varias líneas de pensamiento y decides junto al equipo qué dirección tomar?	
¿Mantienes conversaciones honestas con cada miembro del equipo?	
¿Sabes lo que los motiva, cuáles son sus objetivos, cómo les gusta ser reconocidos?	
Cuando tienes vacantes abiertas, ¿buscas tener un grupo diverso en edades y formación de candidatos?	

¿Te aseguras que todos los miembros del equipo tengan asignaciones y oportunidades de superarse a sí mismos y contribuir positivamente a la organización?	
¿Tomas una acción inmediata con la gente que muestra falta de respeto a los demás sea cual sea su jerarquía?	
¿Está dispuesto a escuchar el feedback que el equipo tiene sobre ti a fin de mejorar las maneras de gestionar el ambiente de trabajo?	

Si respondiste:

- 10 o más preguntas de manera afirmativa estas en un buen camino.
- entre 5 y 9 preguntas de manera afirmativa deberías revisar algunas cuestiones, pero los primeros pasos están dados.
- 4 o menos preguntas de manera afirmativa es hora de repensar cómo mejorar tu habilidad para gestionar la diversidad.

3. Cómo atraer a los jóvenes del milenio

3.1 | Un nuevo dilema ¿No hay más lealtad?

Es evidente que las reglas han cambiado en el mercado de trabajo. La gente se mueve buscando nuevas oportunidades que se crucen con sus proyectos de vida. La Gen Y /Millennials son una generación de optimistas y de exploradores, por lo tanto la búsqueda de nuevas alternativas está en su ADN. Un Baby Boomer diría: "No hay más lealtad a la organización. Son solo leales a sí mismos."

En una generación que busca el disfrute y la plenitud en el trabajo, que cree que es posible encontrarlos, que valora la variedad y el cambio... ¿cómo podemos hablar de falta de lealtad? Una nueva época presenta nuevos dilemas, y este es uno de ellos. La rotación (gente que cambia de trabajo) es estructural.

Los jóvenes Millennials latinoamericanos son aún más inquietos que otros, tal como lo demuestra un estudio de Deloitte (*Fuente:* Millennial Survey 2016) que reporta que un 71% de jóvenes latinoamericanos dice que cambiará de empresa en 5 años, siendo este porcentaje aún mayor en Perú (82%) y Colombia (76%) y mucho mayor en los países emergentes que en los desarrollados.

Un nuevo dilema: una generación de exploradores a los que no tenemos que retener, sino enamorar...

3.2 | El imán más poderoso

Más que con la organización, los jóvenes se comprometen con el grupo y con el sentido de lo que hacen. El imán más poderoso para atraerlos es la identificación con el propósito de la empresa.

Es por eso que siempre decimos:

"Los jóvenes, más que buscar trabajo, buscan unirse a una causa"

Considerando esto, pregúntate: ¿Está claro para ellos el propósito de tu empresa?

¿Está definido cuál es el "para qué" de la empresa, más allá de buscar un resultado económico?

Es fácil deducir cuál es el propósito de un hospital (salvar vidas, ayudar a los demás...), o cuál es el de un restaurante (el disfrute, el entretenimiento...), pero en otros sectores no es tan sencillo. Es por eso que nos encontramos con muchos casos de empresas replanteando su propósito. ¿Para qué? Para generar más sentido.

En síntesis, un gran cambio. Ahora no importa el qué, sino el para qué.

3.3 | Cómo conectarnos con ellos

> **Conoce sus valores y habla de tus valores.** Como dijimos antes, es fundamental el "propósito" de la empresa, su rol en la sociedad y la identificación con los valores. Por lo tanto, las entrevistas a veces se convierten en un sondeo mutuo de valores.

> **Genera una relación de confianza**: sé transparente, abierto, deja que pregunten, contesta con honestidad. Las respuestas políticamente correctas exasperan a los jóvenes talentosos. Valoran las respuestas más "jugadas".

> **Comunícate con ellos en sus términos.** ¡Esto sí que es un desafío! Esencialmente por la velocidad. Con dos variables: 1. Los canales de comunicación (utiliza mensajes, chats, Whatsapp), 2. La velocidad: contesta rápido.

La velocidad y la cercanía: en el sitio Labura.me, de reciente lanzamiento, los jóvenes definen las características del trabajo que buscan y Laburame les envía las oportunidades existentes a su "smart phone", pudiendo chatear al instante con el que ofrece el trabajo. Todo con velocidad de rayo.

3.4 | Dónde nos conectamos: el mundo digital

El advenimiento de las redes sociales modificó nuestra forma de informarnos, comunicarnos, relacionarnos... Latinoamérica lidera la tabla de uso de redes sociales del mundo. El rey del mundo digital es **Facebook**, con cerca de 1.600 millones de usuarios por mes. Las otras plataformas que se consumen en Latinoamérica son Whatsapp, Instagram, Twitter, Skype, Snapchat. (*Fuente:* Zuccherino, Santiago, Social Media Marketing, Ed. Temas, 2016).

LinkedIn es un canal enfocado exclusivamente en lo profesional y permite no solo atraer candidatos sino también compartir información con grupos profesionales de interés.

Unilever Argentina inauguró un nuevo canal en Instagram para que estudiantes universitarios tengan la posibilidad de compartir su currículum a través de la red social, en un video de 10 segundos utilizando todos los recursos como tags, descripción, hashtags, mention, etc.

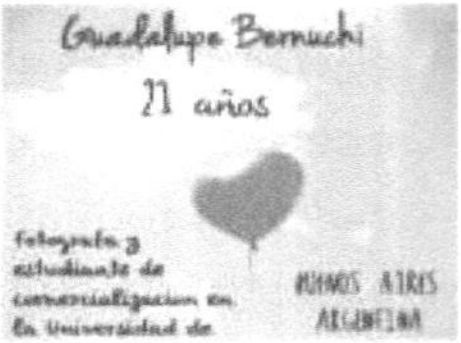

Cada vez más, las empresas buscan generar lo que se llama un "pipeline" de talento: una conexión con los seguidores de la compañía que permite que se convierte en una fuente de oportunidades, entre las cuales obtener candidatos que ya tienen compromiso emocional.

4. Cómo comprometer a las nuevas generaciones

4.1 | La fábrica de compromiso en 10 ingredientes

La pregunta del millón es: ¿cómo comprometo a los jóvenes millennials? He aquí un modelo de 10 atributos valorados por esta generación generadores de compromiso, que ilustraremos con casos reales de empresas que han encarado acciones en esa línea.

Imagina que estás "cocinando" compromiso para los jóvenes nativos tecnológicos. Tienes que poner en la olla por lo menos dos o tres de estas variables y generar experiencias distintas y diferenciales.

Los 10 ingredientes:

I. Trabajo con sentido
II. Foco en los resultados
III. Aprendizaje continuo y variedad
IV. Participación
V. Diversidad
VI. Transparencia
VII. Innovación
VIII. Diversión y celebración
IX. Nuevos jefes
X. Gestión del tiempo diferencial

4.1.I | Trabajo con sentido

Las nuevas generaciones, como dijimos antes, más que un trabajo, buscan una causa. A diferencia de lo que ocurría antes en el mundo del trabajo, en el que la gente veía sólo su tarea y no se cuestionaba qué hacía la empresa... hoy los jóvenes buscan estar identificados con los valores de la empresa y sentirse orgullosos del aporte de la empresa a la sociedad. Es importante que conozcan "para qué" está la empresa en el mundo, más allá del resultado económico. Justamente por esto crece y crece el emprendedurismo social y los talentos que se mueven a empresas que con compromiso social.

Las empresas más atractivas del siglo XXI serán aquellas que persigan tres objetivos: Resultados económicos, foco en el planeta, foco en la gente (empleados y comunidad). Es el modelo que se denomina "Triple Bottom Line" o modelo de las 3 P (en inglés: Profit, People, Planet).

Un caso: GE a nivel mundial lanzó en 2012 el programa "Ecomagination Nation" en el rubro de energías renovables en el que participaron más de 5000 empleados en actividades de voluntariado. El objetivo: proteger el medioambiente alentando a los empleados a reducir la emisión de gases, energía y uso de agua que genera GE. Con resultados abrumadores, GE confirmó el gran potencial de abrir una puerta a la participación de los empleados.

¿Dedicas tiempo para que la gente de tu equipo comprenda la importancia de su trabajo? ¿Hablan del impacto de su trabajo en los otros? ¿Explicas el rol de la empresa y su posicionamiento frente a los competidores?

4.1.II | Foco en los resultados

Como dice Tamara Erickson, los jóvenes valoran un cambio de foco en la forma de gestionar que ella expresa muy claramente con la expresión: "result management vs. face management". "Face Management" es gestionar a la gente suponiendo que trabaja cuando la veo. Allí importa la permanencia, el tiempo de presencia. "Result Management" es gestionar a las personas con objetivos claros y con foco en sus resultados, independientemente del tiempo que emplean en lograrlos o de su presencia física.

Un cambio gigantesco y radical en la gestión, que tiene como base la definición de reglas claras y de objetivos claros. Pero no estamos hablando de objetivos anuales, sino semanales o diarios.

Los jóvenes valoran también tener una sensación de avance y concreción, que se logra poniendo pequeños mojones en el camino.

Mariana, gerente de operaciones de un banco argentino, tiene en su equipo a 20 millennials. Los lunes hacen una reunión de 30' en la que juntos o cada uno de ellos plantea cuáles son los objetivos a lograr de la semana. El viernes al mediodía, antes de almorzar juntos, comentan los logros, celebran, analizan desvíos y ya prospectan la semana siguiente.

4.1.III | Aprendizaje continuo y variedad

Un nuevo concepto de desarrollo para las generaciones jóvenes:

Desarrollo=aprendizaje y desafíos.

El gran temor: el estancamiento.

Todas las oportunidades de aprendizaje y cambio, son valoradas. Pero ¡ojo! No se entiende lo mismo por aprendizaje: aprender no es sentarse en un aula en forma pasiva y escuchar al que sabe, sino hacer, compartir con un experto, escuchar un buen feedback.

En este marco adquieren mucho más valor algunas prácticas, que hacen que algunas culturas y algunos jefes logren resultados mucho mejores con las nuevas generaciones: el feedback oportuno y sincero, los procesos de mentoring, el mentoreo de pares, el coaching. Todos vehículos para aprender basados en la participación.

Los desafíos y la variedad que tanto es valorada hoy como sinónimo de aprendizaje, se logran en muchos casos con el **Trabajo por Proyectos**, con liderazgos rotativos, generando equipos multiárea, que permiten, además de aportar variedad, desarrollar mayor pensamiento sistémico.

BBVA ha adoptado de manera global y a partir del 2016 la metodología de trabajo SCRUM para generar agilidad, participación e innovación. Scrum es una metodología que toma su nombre de la formación en rugby y apunta a resolver problemas con agilidad a partir de equipos interdisciplinarios y autónomos.

Fuente: https://www.bbva.com/es/noticias/trabajo/bbva-asi-son-las-nuevas-formas-de-trabajo-para-acelerar-la-transformacion

4.1.IV | Participación

Los jóvenes millennials valoran participar.

Es la primera vez en la historia del management que se da el siguiente fenómeno: los jóvenes pueden enseñar cosas a los más grandes: las tecnologías, las redes sociales, la transformación de formas de relacionarse...

Citibank lanzó en 2013 un programa que denominó Reverse Mentoring (Mentoreo al revés), en el que jóvenes Millennials guían el aprendizaje de sus directivos en temas relacionados con el mundo digital. A la vez, aprenden a través de la relación con los que toman decisiones.

QBE Argentina desarrolló en 2014 un programa junto a la ONG "Un techo para mi país" donde reunieron a 70 empleados que estaban interesados en participar del proyecto de voluntariado para la construcción de casas en asentamientos y barrios carenciados. Por un lado, la compañía organiza y financia una acción RSE pero también genera un espacio que permite fomentar la transmisión de valores y cultura corporativa.

¿Qué espacio de participación estás generando para los jóvenes de tu equipo? ¿Cómo pueden agregar valor? ¿Pensaste en preguntarles dónde piensan que podrían contribuir?

4.1.V | Diversidad

Los jóvenes nativos tecnológicos se han criado como ciudadanos del mundo, con muchísima más apertura a lo diferente. Por otro lado, son una generación que se empeña en mostrar su "individualidad" y "singularidad" (con la ropa, los tatuajes, etc...). Mientras antes lo valioso era ser igual a los demás, hoy se valora mucho lo distinto.

Alentar un contexto de diversidad constituye una fuente de motivación. Diversidad entendida en la forma más sencilla: juntar distintos niveles organizacionales, realizar actividades donde interactúen los empleados con los clientes, aprender de otras culturas...

Una organización tiene la Diversidad como pilar de su estrategia: Starbucks. "Aparte de un café extraordinario, Starbucks ha construido su negocio basándose en conexiones humanas, involucración con las comunidades y respeto de la diversidad cultural." dice la compañía en su web (http://www.starbucks.com.ar/responsibility/diversity/). Definen el término Diversidad usando una ecuación:

Diversidad = Inclusión + Equidad + Accesibilidad

Starbucks centra su estrategia de diversidad en cuatro ámbitos: los empleados (a los que llama "partners" y es por eso que en todos los locales encontrarás empleados de distinta nacionalidad), clientes, proveedores y comunidades, con el total convencimiento de que la diversidad es la base de la innovación.

4.1.VI | Transparencia

Transparencia, coherencia, honestidad, integridad... Todos atributos relacionados entre sí y altamente valorados por los jóvenes en distintos frentes:

> La empresa: qué es lo que promete y qué es lo que hace
> El jefe: del que se espera que sea un modelo de rol
> La información: que sea compartida
> Las relaciones: basadas en la honestidad

Una de nuestras compañeras, Mara, cuando se fue de vacaciones a España este año, tuvo la suerte de sentarse junto a un joven millennial que le comentó con orgullo y con detalle la propuesta de valor de su compañía, Akamon (empresa española que desarrolla juegos sociales). Con claridad, le expresó que la propuesta de su compañía estaba basada en 4 pilares: la meritocracia, la diversión, la innovación y la transparencia. Pero, ¿qué contó que hacen para ser transparentes? Todos los días, todos los empleados reciben un mail con la facturación de la compañía de ese día y luego un reporte mensual. Todos conocen cuánto gana el resto, ya que está publicado en la intranet, ¡hasta el sueldo del Gerente General!

4.1.VII | Innovación

La innovación es un imperativo del cambio de época. Las organizaciones que no innoven no sobrevivirán. Los jóvenes de Gen Y son recursos fundamentales para innovar en nuevas formas de hacer las cosas y los equipos diversos proveen una mirada distinta.

Las empresas están valorando los contextos de innovación, creando situaciones y programas ad hoc.

Por ejemplo, Banco Galicia relanzó en 2013 sus Hot Teams, una iniciativa que trabaja a partir de la creatividad para resolver problemas de la organización, generando ideas innovadoras. Son equipos de 12 colaboradores de distintas áreas y jerarquías, que se postulan de forma voluntaria. Se reúnen en el Espacio de Innovación, espacio diseñado especialmente para "salir de la caja".

Atlassian, empresa australiana de tecnología fundada en el 2002, es una organización líder en innovación y con algunas prácticas exitosas. Alientan la innovación a través de los "ShipIt Days", días en los que todos los empleados son invitados a hacer lo que desean (estudiar, investigar, explorar...). Se definen temas y se forman grupos con afinidades, independientemente de los roles y jerarquías. La única regla es que luego tienen que comunicar los resultados del trabajo del día. De estas jornadas de autonomía surgen casi la totalidad de los nuevos proyectos de Atlassian.

4.1.VIII | Diversión y celebración

¿Quién dijo que trabajar debe ser aburrido? Los jóvenes nativos tecnológicos buscan la diversión y valoran la celebración.

Ya Google levantó la vara de Sillicon Valley generando muchos espacios para compartir y divertirse. Las empresas de tecnología, en general, han sumado a sus oficinas mesas de ping pongs, salones para jugar a la Playstation, sillones y mesas para compartir en forma descontracturada. En las oficinas de Globant, empresa digital global de origen argentino,

es un clásico en cualquiera de sus oficinas la sala de música, un espacio con instrumentos musicales, aislado acústicamente al que los empleados pueden concurrir cuando buscan un momento de distención y disfrute. Espacios siempre vidriados ¡para que se vea cómo el otro disfruta!

En el 2013, BCP (Banco de Crédito del Perú), el más grande banco de Perú, relevó qué querían sus empleados, entrevistando a más de 3000 de ellos, y generó algunas propuestas diferenciales. Por ejemplo, fomenta los espacios de ocio dentro de la oficina en 5000 metros cuadrados destinados a... lo que los empleados pidieron (Billar, peluquería, gimnasio, lavandería, etc). La iniciativa se enmarca dentro del Programa Soy BCP, que busca convertir al banco en la mejor opción para trabajar del Perú.

4.1.IX | Nuevos jefes

Los grandes cambios en las personas y su relación con el trabajo requieren nuevas habilidades en los jefes.

Los jefes valorados por la generación de nativos tecnológicos tienen las siguientes características:

1. Desarrolladores: aprendizaje, experimentación, coaching, maestros, indagación de intereses, soporte en los desafíos
2. Creadores de sentido: el sentido, la visibilidad
3. Creadores de un contexto de familia: el clima de trabajo, el ambiente informal, la participación, protección y consejo, las celebraciones
4. Gestores del desempeño: el desempeño, feedback, el reconocimiento
5. Orientados a resultados: foco en los resultados, uso eficiente del tiempo
6. Gestores de la diversidad

Fuente: Investigación Whalecom 2009.

4.1.X | Gestión del tiempo diferencial

Quizás este atributo, que aparece aquí como el último de la lista, debería haber sido el primero. Esto es porque para las nuevas generaciones, el tiempo es un tema central. ¿Por qué? Porque es un factor fundamental de la calidad de vida, dimensión que no para de crecer en la valoración de las generaciones que van apareciendo.

¿Por qué diferencial? Porque cuando la propuesta es diferenciada (es decir, distinta e innovadora), se convierte en un elemento fundamental para atraer y retener.

He aquí algunas propuestas innovadoras:

En Netflix y Virgin, por ejemplo, no se contabilizan más los días de vacaciones y cada persona define cuándo y cuánto (obviamente, con su equipo). ¿Cómo es posible? Porque ambas culturas están basadas en la responsabilidad como eje fundamental.

En Philips Argentina, la compañía implementó una política que llamó "Core Time": la gente tiene que estar en la oficina desde las

11 a las 16 hs, evitando las horas pico de tráfico, y más allá de este horario puede elegir cómo manejar su agenda.

4.2 | Chequeando los 10 ingredientes

Seguramente, a lo largo de estas páginas, te has preguntado qué estás haciendo en estos temas. Te proponemos el siguiente ejercicio.

Los 10 ingredientes	¿Cómo estoy?	¿Cómo puedo mejorar?
Trabajo con sentido		
Foco en los resultados		
Aprendizaje continuo y variedad		
Participación		
Diversidad		
Transparencia		
Innovación		
Diversión y celebración		
Nuevos jefes		
Gestión del tiempo diferencial		

4.3 | El caso Tadeo

Tadeo, un talentoso ingeniero de 25 años, trabaja en una organización industrial tradicional y se presenta ante su jefe para pedirle una licencia por 3 meses para viajar de mochilero a Tailandia.

La respuesta inicial del manager fue que para poder darle una respuesta debía debía verlo con RRHH. Sin embargo, el día a día lo distrajo y transcurrieron un par de semanas sin que pudiera elevar el tema. El joven ingeniero volvió a plantear su proyecto y el manager le respondió que era imposible: estaban en temporada alta, Tadeo no tenía los días de vacaciones suficientes y "si lo hago contigo debo hacerlo con todos".

Frente a esa respuesta, Tadeo le presentó el siguiente planteo:

"Espero que no lo tomes a mal ni como una rebeldía. Hace unos años nos prometimos con mi hermano que cuando termináramos los estudios haríamos un viaje largo a un destino exótico. En este momento tengo el tiempo, el dinero necesario no es tanto y no tengo responsabilidades familiares. Si no es ahora, ¿cuándo lo haré? Preferiría volver del viaje a trabajar aquí y contigo porque es una excelente experiencia y realmente la valoro. Pero no te estoy consultando, te estoy informando".

Y Tadeo se fue a Tailandia.

Cuando las empresas saben quiénes son sus mejores colaboradores, empiezan a aceptar algunas situaciones que antes eran imposibles. En Dell Argentina, María planteó que su sueño era viajar a China a estudiar mandarín por unos cuantos meses. La empresa corrió el riesgo y la dejó ir. Hace poco nos la encontramos en los pasillos de Dell. Su nivel de compromiso es altísimo: la empresa la escuchó y la apoyó.

Bibliografía

> Benson Tracy, *Motivating Millennials Takes More than Flexible Work Policies*, Harvard Business Review, 2016.

> Hewlett, Marshall & Sherbin, *How Diversity Can Drive Innovation*, HBR, 2013.

> Jorgensen, B, *Baby Boomers, Generation X, Generation Y: Policy Implications for defense forces in the modern era*, 2003.

> Meister & Willyerd; *Mentoring Millennials*, Harvard Business Review, 2010.

> Molinari, Paula, Turbulencia Generacional, Editorial Temas, 2011.

> Suseta, Pin, Idrovo, *Generation or Culture? Work Attitude Drivers: An Analysis in Latin America and Iberian Countries*; Working Paper, 2011.

> Taylor Cox., *Developing Competency to Manage Diversity*, 1997.

> Taylor Kate; Forbes Staff, Los millennials terminan con el horario de oficina, 2013.

> Thomas & Ely; *"Making Differences Matter"*, Harvard Business Review, 1996.

> McKinsey, *Diversity Matters*, enero 2015.

Juan Pablo Sanguinetti

Psicólogo (UBA)
Es Country Manager de Whalecom en Perú. Se ha desempeñado como Consultor, Capacitador, Director de Proyectos y Coach en diversas empresas en Latinoamérica y ha trabajado como Director Nacional de Capacitación (SEPyME) y consultor BID/PNUD.

Docente universitario, con actividad en la Universidad Torcuato Di Tella, la Universidad Nacional de La Plata, la Universidad Siglo21 (Córdoba) y la Espol (Ecuador).

Ha publicado en revistas de gestión de personas de Latinoamérica y como coautor de "PyMEs – MyPes, alternativas de crecimiento", Ed. Comunicarte.

POTENCIANDO LA CREATIVIDAD

Neurociencias, modelos, ideas y tips para la creatividad

Clemencia González Silveyra

1. Creatividad para todos

1.1 | El misterio de la creatividad

CREATIVIDAD es una de esas palabras que hipnotizan a las personas. Basta con nombrarla y la mayoría prestará atención a lo que tengas que decir. Y esto hace mucho sentido. Habitualmente admiramos a personas que saben desvincularse del **pensamiento común y silvestre y hacen piruetas dentro de sus cerebros**, para luego proponer algo impensado por la mayoría de los mortales. **Para entender la creatividad vamos a intentar desmitificarla y para ello es más sencillo contarles lo que NO es.** Intentaremos dejar de lado las ideas falsas, porque es posible que nuestra idea errónea sobre la creatividad sea una creencia limitante

que nos aleja de la posibilidad de usarla.

Vamos a recorrer un camino que empieza por entender cómo funciona la creatividad y concluye con ejercicios y dinámicas para que la fomentes en tu equipo.

La creatividad no es magia.
La creatividad es para todo el mundo.

1.2 | Seis ideas erróneas acerca de la creatividad

I. Nacemos creativos

Nadie nace creativo. Las personas nacen con una mente curiosa e inquisitiva que se pregunta qué, por qué, cuándo, dónde y cómo. Esas mentes se abren o se cierran a medida que vamos creciendo.

II. Existe un estado de ánimo ideal para la creatividad

Hoy en día continuamos hablando de buscar inspiración para que nos vengan nuevas ideas a la cabeza, como si éstas se encontraran en otro lugar, fuera de nosotros, o algún ser misterioso, mágico o divino nos las tuviera que susurrar al oído. Las musas. Seguimos, en cierto modo, relacionando la creatividad con un proceso misterioso que roza lo esotérico. NO hay misterio.

III. Los jóvenes son más creativos que los mayores.

La edad no es un buen indicador del potencial creativo de una persona. El problema de la edad es que la experiencia lleva a mucha gente a no salirse de lo establecido y a no ser capaces de arriesgar probando ideas que a priori parecen disparatadas. Pero realmente se puede ser creativo a cualquier edad.

IV. Hace falta hacer cosas arriesgadas para ser más creativos

La habilidad para pensar de manera no convencional es importante para la creatividad, es cierto. Pero para ser creativo no hace falta ser aficionados al paracaidismo, bucear entre tiburones, usar ropa rara o teñirse el pelo de violeta.

V. La creatividad es un acto solitario

El mayor número y las más destacadas innovaciones son fruto de la colaboración entre personas con habilidades complementarias. Por lo tanto, la creatividad se puede producir en equipo; pero eso sí, no en todos los equipos.

VI. La creatividad no se puede gestionar, es un proceso individual

La creatividad organizacional surge de la gestión. Los directivos/jefes son responsables de crear el contexto adecuado para que las personas desarrollen su creatividad. La creatividad no surge en todos los contextos. Para que la creatividad ocurra hay que favorecer su práctica.

Ahora, ya que hemos derribado estos mitos, pongámonos a trabajar en cómo potenciar nuestra creatividad y la de nuestro equipo. Pero, ¿por qué es importante esto?

1.3 | ¿Para qué ser creativos?

Estamos viviendo en la era de la creatividad.

Daniel Pink en su libro "Una nueva mente", dice: *"Estamos virando de una economía y una sociedad basadas en las capacidades lógicas, lineales, computacionales, propias de la Era de la información, a una economía y una sociedad basadas en capacidades como la creatividad, la empatía y la visión global.*

Estamos entrando en la Era conceptual."

Las habilidades del pensamiento crítico, la creatividad, la comunicación, la colaboración y la innovación son fundamentales para lograr el éxito en una economía creativa global.

Cultivando la creatividad y la innovación generamos una ventaja competitiva.

"La lógica te llevará de A a B. La imaginación te llevará a todas partes".

Albert Einstein

1.4 | La creatividad y la innovación

La creatividad se caracteriza por la capacidad de:

- percibir el mundo desde una perspectiva distinta
- encontrar patrones ocultos
- hacer conexiones entre fenómenos aparentemente no relacionados
- generar soluciones

La creatividad implica pasar por dos procesos:

PENSAR

PRODUCIR

Pensar + producir: Si tenemos una idea, pero no la volvemos acción, nos podríamos definir como imaginativos, pero no creativos. Ser creativos es crear y crear es Hacer.

La innovación es la implementación de un nuevo o significativamente mejorado producto, servicio o proceso, que crea valor para un negocio, un gobierno o la sociedad.

"La creatividad es simplemente conectar cosas. Cuando le preguntas a las personas creativas cómo hicieron algo, se sienten un poco culpables, porque en realidad no lo hicieron, simplemente vieron algo. Algo que después de algún tiempo, les pareció obvio".

STEVE JOBS

2. El motor de la creatividad

2.1 | El cerebro, nuestra máquina creativa

¿Quién no desearía tener más ideas? Yo me anoto. La buena noticia es que el cultivo de las ideas es, nada más y nada menos, que un proceso. Y más maravilloso aún, uno que podemos practicar para producir más y mejores ideas.

Con mucha frecuencia las grandes ideas también pueden aparecer mientras nos damos un baño, volviendo a casa en auto, en el tren, en el subte o en cualquier otra situación o ambiente relajante.

¿Cómo trabaja nuestro cerebro cuando creamos?

Es muy probable que hayas escuchado hablar de las diferencias entre los hemisferios. Sin embargo el proceso creativo, contrariamente a la creencia popular, exige que ambos lados de nuestro cerebro trabajen juntos, en lugar de sólo uno.

La verdad es que nuestros hemisferios cerebrales, están inextricablemente vinculados. Las dos partes de nuestro cerebro simplemente se distinguen por sus diferentes estilos de procesamiento.

La actividad creativa es un tipo de proceso de aprendizaje en el que el profesor y el alumno se hallan en el mismo individuo.

Arthur Koestler (escritor británico, 1905–1983)

2.2 | Dos hemisferios y dos formas de procesar

La complejidad del proceso creativo requiere de los recursos de ambos hemisferios, que tienen dos formas distintas de procesar.

Hemisferio izquierdo	Hemisferio derecho
Verbal: Usa palabras para nombrar, describir, definir.	**No verbal:** Es consciente de las cosas, pero le cuesta relacionarlas con palabras.
Analítico: Estudia las cosas paso a paso y parte a parte.	**Sintético:** Agrupa las cosas para formar conjuntos.
Simbólico: Emplea un símbolo en representación de algo. Por ejemplo, el dibujo  significa "ojo"; el signo + representa el proceso de adición.	**Concreto:** Capta las cosas tal como son, en el momento presente.
Abstracto: Toma un pequeño fragmento de información y lo emplea para representar el todo.	**Analógico:** Ve las semejanzas entre las cosas; comprende las relaciones metafóricas.
Temporal: Sigue el paso del tiempo, ordena las cosas en secuencias: empieza por el principio, relaciona el pasado con el futuro, etc.	**Atemporal:** Sin sentido del tiempo, centrado en el momento presente.

Hemisferio izquierdo	Hemisferio derecho
Racional: Saca conclusiones basadas en la razón y los datos.	**No racional:** No necesita una base de razón, ni se basa en los hechos, tiende a posponer los juicios.
Digital: Usa números, como al contar.	**Espacial:** Ve donde están las cosas en relación con otras cosas, y como se combinan las partes para formar un todo.
Lógico: Sus conclusiones se basan en la lógica: una cosa sigue a otra en un orden lógico. Por ejemplo, un teorema matemático o un argumento razonado.	**Intuitivo:** Tiene inspiraciones repentinas, a veces basadas en patrones incompletos, pistas, corazonadas o imágenes visuales.
Lineal: Piensa en términos de ideas encadenadas, un pensamiento sigue a otro, llegando a menudo a una conclusión convergente.	**Holístico:** Ve las cosas completas, de una vez; percibe los patrones y estructuras generales, llegando a menudo a conclusiones divergentes.

La idea de que las personas pueden ser predominantemente pensadores del lado derecho o izquierdo es un gran mito. El proceso creativo consta de distintas etapas (desde la idea, la incubación, la puesta en marcha y la verificación) e involucra muchos subprocesos en el que intervienen tareas cognitivas (conscientes e inconscientes) y las emociones.

2.3 | El cerebro y la supervivencia

Todos tenemos cerebro... y la creatividad es patrimonio de todos, sin embargo... ¿por qué cuesta tanto ser creativos? Por una cuestión de supervivencia.

¿Cuál es la principal función de nuestro cerebro? Garantizar la supervivencia. Y hete aquí que supervivencia y creatividad no van de la mano.

Si somos creativos, ¿por qué tantas veces nos sentimos paralizados ante la posibilidad de encontrar soluciones diferentes o creativas? o ¿por qué cuando las cosas no nos funcionan bien, nos resulta tan difícil ser alcanzados por ese rayo de creatividad que nos permita hacer las cosas de manera distinta e innovadora?

Esto se debe, por un lado, a una razón evolutiva e innata, ya que la principal función de nuestro cerebro es garantizar nuestra supervivencia. Por eso, a través de su evolución, nuestro cerebro se vio en la necesidad de crear bloques de información a los que se pudiera acceder fácilmente para su uso posterior, de forma que cuando nos enfrentamos a una situación y la resolvemos con éxito, la próxima vez que nos encontremos ante una situación similar podamos resolverla rápidamente y con el **mínimo consumo de energía posible** de forma similar a cómo la resolvimos anteriormente.

Y como si esto fuera poco... Nuestro cerebro no es solamente vago y/o eficiente, sino que le apuesta a lo seguro.

Para asegurar la supervivencia, los humanos poseemos una **resistencia natural al cambio.**

De hecho, nuestro cerebro más primitivo, interpreta el cambio como sinónimo de inseguridad, ya que ante lo conocido sabemos cómo actuar y sobrevivir. Nuestra tendencia será mantener los modelos establecidos en lugar de desafiarlos. Cada vez que nos encontramos ante un estímulo determinado, nuestro cerebro buscará en nuestros bancos de memoria, la red neuronal –o aprendizaje– que en el pasado resolvió una situación similar y responderá con rapidez, activando la misma red y realizando un recorrido similar.

También existe una razón cultural, ya que en la escuela y en nuestra educación siempre se ha cultivado el razonamiento lógico, dándole casi ninguna importancia a realizar esfuerzos para la generación de nuevas ideas.

Pero la creatividad es una habilidad que todos los seres humanos poseemos gracias a nuestra maravillosa capacidad innata para imaginar.

3. El ADN de los innovadores

3.1 | ¿Qué hace diferentes a los innovadores?

Según la teoría de Howard Gardner de las inteligencias múltiples, los innovadores tienen un tipo de inteligencia denominada **inteligencia creativa**, que habilita el descubrimiento y se diferencia de otros tipos de inteligencia. Los innovadores involucran ambos lados del cerebro, ya que aprovechan **las cinco habilidades del descubrimiento** para crear nuevas ideas:

I. **Asociar:** establecer conexiones entre las preguntas, problemas o ideas de campos no relacionados.
II. **Formular preguntas:** plantear consultas que desafían la sabiduría común.
III. **Observar**: examinar el comportamiento de los clientes, proveedores, competidores e identificar nuevas formas de hacer las cosas.
IV. **Networking:** conocer gente con diferentes ideas y perspectivas. Establecer redes.
V. **Experimentar:** construyendo experiencias interactivas y provocando respuestas heterodoxas para ver qué ideas surgen.

Ser creativo es crear cambios en el mundo que nos rodea.
David Kelley (fundador de IDEO)

3.2 | El motor de la innovación

Tina Seelig, neurocientífica y directora ejecutiva del Stanford Technology Ventures Program, describe en forma holística el proceso de la innovación, graficándolo como se puede observar a continuación. Para esta autora, son 6 los elementos interconectados que influyen en nuestra capacidad de ser creativos e innovadores.

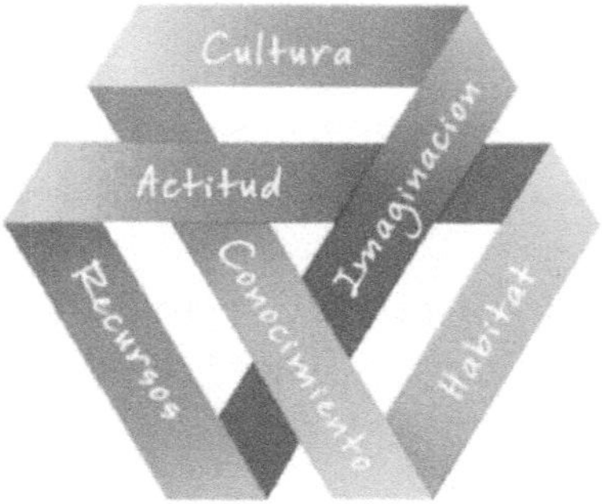

El Motor de la innovación de Tina Seelig

A continuación, describimos brevemente los 6 componentes que constituyen el motor de la innovación:

I: El conocimiento

Es el combustible de la imaginación. Cuanto más se sabe de un tema, más materia prima tiene uno para trabajar. Por ejemplo, si uno quiere diseñar un innovador auto solar o una cura contra la psoriasis, necesitará empezar con una base de conocimiento sobre ingeniería o biología, en cada caso.

II: La imaginación

Es el catalizador de la transformación de conocimiento en nuevas ideas. La capacidad de crear algo nuevo es una fuerza muy poderosa y se requiere para la combustión creativa. Sin ella, es imposible generar nuevas ideas.

III: La actitud

Es la chispa que pone en marcha el "motor de la innovación". Nuestra actitud personal, mentalidad o perspectiva, determina cómo interpretamos y respondemos ante distintas situaciones, y tiene profundas raíces neurológicas. Si somos taciturnos y negativos, nos ponemos límites, y limitamos nuestra manera de pensar y de percibir. Una actitud vital, confiada y optimista ayuda a que fluyan ideas creativas.

IV: Los recursos

Son los activos presentes en nuestra comunidad. Todo aquello de valor que nos rodea, desde fondos que puedan ser invertidos en nuevas empresas a recursos naturales como pescado, flores, diamantes, playas o cataratas o personas que pueden servirnos como guías, mentores o modelos.

V: El hábitat

El lugar físico donde trabajamos o vivimos, cómo está construido y diseñado, cómo está iluminado, todo esto influye en nuestra imaginación.

VI: La cultura

Conformada por las creencias colectivas, los valores y los comportamientos de la sociedad en que vivimos, desde que nos levantamos hasta que nos acostamos, estamos inmersos en un "guiso" cultural que marca nuestra manera de pensar y actuar.

Las seis partes del "motor de la innovación" están inexorablemente conectadas y se influyen unas a otras de manera decisiva.

3.3 | El pensamiento creativo y el entorno

Como bien señala Tina Seelig en sus dimensiones, **el talento requiere de un entorno apropiado**. De poco sirve tener a Einstein trabajando en nuestra empresa si no puede desplegar todo su talento exploratorio y creativo. Incluso él pasaría desapercibido.

Así como existen contextos que alientan y promueven la diversidad, existen también aquellos que la aniquilan. La burocracia, la rigidez, la falta de autonomía, la formalidad, la intolerancia al error, son condiciones que generan un contexto poco propicio. **La diversión, la autonomía, la libertad, la tolerancia al error, la tensión, el trabajo en equipo**, son condiciones que generan caldos de cultivo para la creatividad y la innovación.

Indudablemente, **el trabajo en equipo estimula y potencia la creatividad** ya que no sólo tenemos nuestras propias experiencias para desatar la creatividad, sino que también contamos con la experiencia de todos los miembros del equipo y la posibilidad de que estas se combinen.

Algunas empresas, como Starbucks, tienen muy claro que **la diversidad es una de las fuentes de la innovación**. "En todo lo que hacemos, seguimos poniendo foco en crear una cultura de inclusión –en la que todos son bienvenidos– para seguir desarrollando innovación y crecimiento a partir de nuestra gente." (http://www. starbucks. com/responsibility/community/diversity–and–inclusion/ aspirations).

3.4 | Las organizaciones innovadoras

¿Cuáles son entonces las condiciones que determinan el motor de la innovación en las organizaciones? Las mismas que en los individuos, por lo tanto, podríamos aplicar el modelo de Tina Seelig de 6 dimensiones para describir los factores que motorizan la creatividad organizacional (de un grupo, un área, una empresa).

1. El conocimiento	¿Tiene tu equipo el conocimiento necesario sobre el tema en el que quieren innovar? Cuanto más conocimiento, más combustible para la innovación. Si quieres más innovación, incorpora más conocimiento.
2. La imaginación	¿Permites en tu equipo que la gente dedique tiempo a pensar e imaginar? ¿Generas situaciones y espacios para que esto sea posible?
3. La actitud	Obviamente, el espíritu explorador, el compromiso, la iniciativa, el optimismo, son generadores de contextos creativos. ¿Son estas actitudes valoradas en tu equipo?
4. Los recursos	¿Tienes recursos que generen valor en el proceso creativo? Desde el conocimiento de los expertos al presupuesto para dedicar una jornada a la innovación.
5. El hábitat	El espacio en el que el equipo trabaja ¿alienta la creatividad? En la última década las organizaciones han invertido mucho –y lo seguirán haciendo– en generar espacios que alienten la colaboración y la innovación.
6. La cultura	¿Es una cultura que alienta la innovación? ¿Es tolerante a los errores? ¿Desafía el statu quo?

Como en los individuos, en los grupos y organizaciones las seis dimensiones del "motor de la innovación" están inexorablemente conectadas y se influyen unas a otra.

4. El método creativo

4.1 | El método creativo vs. el método científico

Jason Theodor, director creativo, conferencista y escritor canadiense, ha dedicado toda su vida a investigar sobre la creatividad, que define como **"el acto de conectar cosas de una forma no esperada"**. Pero, ¿cómo ocurre ese proceso? Según Theodor, el método creativo es diferente del método científico, como se explica a continuación.

Método científico	Método creativo
Se expresa de afuera hacia adentro, intentando comprender las cosas que existen para luego meterlas en una prolija caja.	Se expresa de adentro hacia afuera, intentando hacer cosas nuevas, olvidando que alguna vez existió una caja.

Son dos enfoques diferentes, que siguen caminos diferentes, si bien empiezan y terminan de la misma forma:

Método científico	**Método creativo**
Enfocar	Enfocar
Observación	**Acción**
Hipótesis	**Conexión**
Experimentación	**Desviación**
Evaluación	Evaluación

Para Theodor, entonces, el método creativo está compuesto por tres procesos centrales: **acción + conexión + desviación.**

Describámoslo brevemente, para luego comprender cómo potenciarlos.

4.2 | Los 3 momentos

ACCIÓN	CONEXIÓN	DESVIACIÓN
Es el momento en que se toma la iniciativa, se vencen las barreras invisibles (los "no se puede") y se generan ideas. >Ideación >Cantidad de ideas	Es el momento del "sentido", conectando con la realidad, nuestra cultura y nuestro tiempo. Se profundiza y se analiza, generando pensamientos de calidad. >Calidad >Solución de problemas	Es el momento en que nos desviamos de la ruta habitual y creamos un camino nuevo. Es cuando pensamos en forma diferente. >Originalidad >Innovación

"Creatividad es dar con algo nuevo mediante el abandono de la convención" Kenneth Hellman, Neurólogo

4.3 | Cuando la magia no sucede...

Todos podemos operar en los 3 procesos, aunque a veces ocurre que somos más fuertes en algunos de ellos. También, de esa forma, ocurre que a veces tenemos una debilidad en uno de ellos. Tres debilidades, que pueden aparecer solas o combinadas, individuales o grupales:

> A algunos nos cuesta tomar la iniciativa. No podemos empezar. Sentimos que hay muchas barreras en nuestro camino y que no conseguiremos nada.

Cuando sentimos que hay barreras, nuestra debilidad está en la acción.

> A otros les cuesta encontrar el significado de las cosas, explicar qué sucede, llegar a profundidad en el análisis. Nos distraemos con banalidades y no identificamos el meollo de la cuestión.

Cuando nos centramos en lo superficial en lugar de lo fundamental, nuestra debilidad es la conexión.

> A algunos nos cuesta ser originales, sentimos que no salimos de lo habitual, lo conocido y no entendemos cómo otros identifican alternativas impensadas.

Cuando nos plegamos al statu quo y no salimos de la manera normal de resolver las cosas, nuestra debilidad es la desviación.

Para reflexionar: ¿Cuáles son tus fortalezas? ¿Cuáles son las fortalezas en tu equipo? ¿Hay algunas debilidades?

4.4 | Fortaleciendo las debilidades

¿Cuáles son los mejores equipos? Aquellos cuyos miembros tienen fortalezas en los 3 momentos.

¿Cómo fortalecer estas debilidades? Theodor nos sugiere 8 maneras de mantener el flujo de ideas en el trabajo:

1. Crea una **sala de inspiración** específicamente diseñada para animar a las personas a intercambiar y debatir ideas en un ambiente divertido y relajado.
2. Propone un "**Desafío Idea** del mes" que anime a las personas a generar ideas sobre un problema específico o en un área específica.
3. Ten una sección de: "**¿Qué pasaría si...?**" en cada reunión.
4. **Pide ideas.** Asegúrate que todos en tu equipo sepan ¡que se les paga para pensar!
5. Ofrece **capacitación** en pensamiento creativo, liderazgo creativo y habilidades de intercambio de ideas.
6. Crea un **repositorio de ideas** en el sitio web interno.
7. Lleva a tu equipo a un día de "**caza de inspiración**". Ir por ejemplo a un museo o a un zoológico para buscar ideas e inspiración relacionadas con un desafío específico.
8. Celebra las reuniones **fuera de la oficina**: en un parque, en el zoológico, durante el desayuno, en un sitio de picnic, en la terraza del edificio...

5. Tips para potenciar tu creatividad y la de tu equipo

5.1 | La diversión, bálsamo para la creatividad

Diversión y creatividad están fuertemente relacionadas. Como digo siempre, para que exista el momento: ¡Aha!, deben existir muchos momentos ¡ja, ja, ja! El humor es uno de los mayores catalizadores para el pensamiento creativo.

Ja Ja Ja= ¡AHA!

¿Queremos tener un equipo con capacidad para crear y para innovar? Generemos entonces momentos para compartir, desestructurados, con situaciones hilarantes, con juegos... Programemos reuniones para innovar, para desafiar el statu quo, donde todos puedan participar y aportar cosas distintas (recuerda: la diversidad es innovación). Planteemos problemas para resolver: descubrir nuevas ideas sobre cómo hacer las cosas más rápido, más fácil y con menos recursos es realmente divertido.

Reúne a tu equipo de trabajo y elige un tema sobre el que trabajar. Concéntrate en generar tantas ideas como se les ocurran sobre ese asunto.

La práctica hace al maestro. Si se practican estos tipos de reunión regularmente lograrán entrenarse y para cuando surja un problema estarán preparados para generar muchas soluciones creativas.

La creatividad es la inteligencia divirtiéndose. Albert Einstein

5.2 | Las analogías

Henry Ford, empresario norteamericano de la industria automotriz (1863–1947), revolucionó el mundo industrial con la cadena de montaje. ¿Cómo se le ocurrió? Visitando los mataderos de su ciudad, Detroit. Pero, ¿Qué hacía Ford en los mataderos? ¿Cómo trasladó lo que veía allí a la fabricación de autos?

Evidentemente, conocer personas distintas y actividades distintas nos ayudan a generar muy buenas ideas en las cosas que conocemos.

La creatividad a partir de analogías implica crear soluciones basadas en considerar el problema a partir de una actividad completamente distinta.

La recomendación: planea salir del territorio con el que estás familiarizado, ábrete a nuevos y diferentes puntos de vista, conoce otras cosas y otras formas de trabajar. Sin siquiera esforzarte, estos nuevos aprendizajes se unirán a tus experiencias y aportarán sentido.

¿Qué acción puedes encarar con tu equipo para potenciar la creatividad a partir de analogías?

5.3 | Indaga, cuestiona, explora, desafía

¿Cómo desarrollar el pensamiento lateral? El pensamiento lateral implica la posibilidad de considerar un problema desde un ángulo distinto, eliminando los preconceptos sobre el mismo.

Practiquemos un poco:

Ejercicio 1. El bloque de madera

Una persona tiene en la mano un bloque de madera.

¿Qué pasa si lo suelta?

La respuesta obvia es que se cae al piso.

Pero justamente, no queremos respuestas obvias. El ejercicio nos muestra rápidamente cómo caemos muy fácilmente en la respuesta habitual, e ignoramos las otras alternativas.

Hagamos el ejercicio con nuestro equipo e instemos a que busquen otras respuestas.

Si la persona está en la Tierra, sobre la tierra, el bloque caerá por la fuerza de gravedad. Pero si está en el espacio... Y si está en el agua... El comportamiento del bloque dependerá de donde ocurra esto.

Ejercicio 2.

¿Qué pasa con una mujer que sale de su casa a la mañana con un trajecito negro de pollera y saco?

Seguramente, tu primer pensamiento fue que la mujer está yendo a trabajar.

¡No es así necesariamente!

Desafía a tu equipo con preguntas como estas y rechaza la primera solución que aparece. Cuando lo hagas, surgirán inmediatamente otras alternativas.

El principal obstáculo es ...

No vemos el mundo como es, sino como somos.

Ejercicio 3.

Este sí que es un problema:

Esta ecuación es incorrecta. ¿Cómo se hace correcta sin tocarla con el lápiz?

x = I + xI

Esta prueba fue solamente para recordar que siempre hay que mirar las cosas desde otro ángulo, desde todos los ángulos posibles.

Volviendo al impacto positivo de los equipos en la creatividad, justamente los equipos con diversidad aseguran una mirada multiangular.

En síntesis:
> Desafía las creencias instaladas
> Rechaza la primera opción
> Fuerza una mirada desde distintos ángulos

5.4 | Tomar distancia: el tónico de la creatividad

David Burkus, autor norteamericano especializado en temas de creatividad e innovación, explica el valor de tomar distancia para resolver problemas creativamente:

"Cuando se trabaja en un problema de forma continua, se puede desarrollar una fijación dirigida a volver una y otra vez sobre soluciones conocidas. Tomar un descanso del problema y centrarse en algo completamente distinto da a la mente un poco de tiempo para liberar su fijación de retornar a las mismas soluciones y dejar que los viejos caminos se desvanezcan de la memoria. Entonces, cuando regresamos al problema original, nuestra mente estará más abierta a nuevas posibilidades – y lograremos llegar a los momentos eureka".

¿Qué implica esto para ti y la forma en qué trabajas?

¿Respecto de nuestro equipo de trabajo, ¿cómo podemos ayudarlo a tomar distancia?

¿Cómo podemos transmitir que los descansos y la distracción por un momento ayudan a potenciar la creatividad?

5.5 | Estimulando la creatividad del equipo

¿Es posible tener reuniones divertidas? ¿Cómo podemos estimular la creatividad?

Cómo transformar las reuniones de "aburridas, temidas y evitadas" a "energizantes y efectivas". Aquí algunas ideas dinámicas que ayudan a energizarlas.

> Pensar con las manos

Hacer que los miembros del grupo expresen lo que piensan a través de la construcción de un modelo hecho con bloques de construcción, de una maqueta, de un collage. Pensar con las manos y en grupo ayuda a mirar desde distintos ángulos y a tomar distancia.

> Juegos

Comienza el encuentro o reunión con un juego o un acertijo (busca entre los ejercicios de pensamiento lateral, por ejemplo) para hacer que el cerebro se sacuda la modorra y la energía fluya en el equipo.

> Break

Comparte la responsabilidad con los miembros del equipo para dirigir el grupo en algún tipo de dinámica durante los descansos. Que la responsabilidad de generar los juegos sea compartida.

> Dinámicas dinámicas

Cambia algún aspecto de la reunión aproximadamente cada veinte minutos: el estilo de presentación, la dinámica (por ejemplo insertando preguntas y respuestas, videos, etc.) Es la campaña antiaburrimiento.

5.6 | Brainstorming

Brainstorming (o Lluvia/Tormenta de ideas) Es la técnica grupal más conocida y utilizada para estimular la producción creativa de un grupo. Está basada en los siguientes principios:

> **Suspender el juicio.** A partir del planteamiento del problema, se estimulan las ideas sin ningún comentario. Se anotan TODAS las ideas. No se cuestiona, ni se critica, ni se argumenta, solamente se anota.

> **Pensar libremente.** Se alienta la imaginación y la enunciación de una idea por más que parezca descabellada.

> **Foco en la cantidad.** Se apunta a trabajar rápido y generar una gran cantidad de ideas. A veces en la misma consigna, se propone al equipo llegar a una cantidad X de ideas.

> **Efecto multiplicador.** Se sugiere aumentar, mejorar, completar, la idea del otro.

En el Brainstorming se busca cantidad y originalidad. Luego habrá que pasar a otras instancias de filtro, análisis y profundización.

5.7 | Writestorming

Writestorming (o lluvia/tormenta de escritos) es una técnica que tiene como principios exactamente los mismos que el Brainstorming. La única diferencia es que se escribe. ¿cómo? De distintas maneras. Veamos algunos ejemplos.

> Una vez presentado el problema, se pide a los participantes que desarrollen ideas en post–it (pequeñas hojas de papel au-

toadhesivo). Deberán pegar luego esos papelitos en pizarrones por tema, por problema, etc…

> Una vez presentado el problema a los participantes, divididos en grupos, deberán consolidar sus ideas escribiendo en post–it, para luego generar un plenario.

Writestorming permite generar cantidad de ideas y relacionarlas fácilmente, ya que al estar escritas podemos visualizarlas, moverlas, pegarlas, agruparlas.

Es un recurso excelente para generar múltiples abordajes y compartirlos en poco tiempo.

Bibliografía

> Pink, Daniel, *A Whole New Mind*, Riverhead Editions, 2006
> Gardner, Howard, Inteligencias Múltiples, 2008
> Seelig, Tina, InGenius: a crash course on creativity, 2012
> Burkus, David, "Innovation Isn't an Idea Problem", Harvard Business Review
> Bachrach, Estanislao, Ágilmente, Ed. Planeta, 2012

En la web:

Hora de Innovar: https://horadeinnovar.wordpress.com/ Repensadores : http://repensadores.es/2015/

Creatividad Creativa: http://creatividadcreativa.com/

Charlas TED:

1. ¿Cómo construir tu confianza creativa? David Kelley
2. Las escuelas matan la creatividad: Sir Ken Robinson
3. A crash course on creativity: Tina Seelig

Clemencia González Silveyra

Consultora Senior de Whalecom en Neurociencias, Inteligencia Emocional, juegos y teambuilding. Docente, ESL Language Instructor, AACI, Asociación Argentina de Cultura Inglesa. Es Directora Académica del Programa de Desarrollo de Inteligencia Emocional en UTDT.

Diplomada en Juego en el Instituto de Investigación y Formación en Juego. Cursó su formación en Neurociencias, Inteligencias Múltiples y Neuroliderazgo, en Asociación Educar, donde actualmente cursa su formación en Neuro–psicoeducación. Trainer en Programación Neurolingüística, Instituto de Técnicas de Máxima Precisión. Docente de Teatro, actriz formada en La Escuela de Actuación de Julio Chávez y en la Escuela I Entrecajas de Inés Pacual, especialista en Teatro de Empresas y Técnicas de Improvisación y Comunicación, formada en el Buenos Aires School of Arts. Guionista de Cine y Televisión (UBA) fue libretista de Telemundo Media NBC Universal, RCN TV Colombia, Venevisión, Trebol Animation e Illusion Studios. Experta en Técnicas Lúdicas para el Aprendizaje. Directora de Programas Outdoor a través del Juego y del Teatro, organiza, diseña, desarrolla y conduce eventos de motivación, integración y trabajo en equipo, talleres de creatividad y juego tailor–made. Coach actoral de oradores TEDxRío de la Plata. Dirige "PLAYROOM" un espacio de intercambio, investigación y divulgación del juego y las neurociencias.

TEMAS

Made in United States
Cleveland, OH
06 November 2026

47774990R00123